ヨーロッパ中世の社会史

増田四郎

講談社学術文庫

目次

ヨーロッパ中世の社会史

ヨーロッパ中世の社会史

第一講　中世社会史への誘い

種蒔く人

1 私の歴史研究

まずはじめにお断りしておきたいことがあります。それはこのセミナーでお話することは、新しい学説とか歴史研究の新動向の紹介というような話ではなく、私が長年、牛の歩みの勉強をしてまいりまして、自分の頭のなかで考えておりますこと、つまりヨーロッパの中世を考えるときに、こういうことが問題ではなかろうかと感じておりますことを申し上げてみたいということです。ですからある場合には、概説書にあるのとはちがって、どこか特定のところを詳しく言ってみたり、略してみたりということがあるかもしれませんが、そのことをあらかじめお断りしておきます。

ところで、今日は第一回目でございますので、導入の意味で「中世社会史への誘い」という題にしました。それは中身へ入ります前に、私がどんな立場というか、どんな気持でヨーロッパ史をやっているかということを率直に申し上げたいと思ったからです。

まず最初に「私の歴史研究」ということについてお話いたしましょう。私は実は打ち明けた話、大学時代には日本史をやっておりまして、日本経済史を勉強していたのですが、途中から西洋史のほうに変ってしまった。どうも節操がないではないかと言われたこともありますが、日本史は幸田露伴の弟さんの幸田成友博士のところで、江戸時代の株仲間のことをやりました。それから西洋史に転じたのは、いろいろ機縁になるようなものがあるのですが、必然性は何もないのです。しいていえばたいへん立派な先生がおられたということ、そしてそれとともに、私の知人に美術史をやっている小林太市郎さんという方がおりまして、ドガと北斎の関係や大和絵の研究など、いろいろなすぐれた業績がありますが、ある時、日本のことを知るためにはまず遠いところから始めてだんだん日本の方へ攻め寄せてくるのがいいというような話をしてくれました。事実、小林さんを見ていますと、もうすっかりヨーロッパに両足を踏み入れたようなことを言いながら、そうではなくていつでも問題にするのは東洋のことであり、とりわけ日本のことであるということを、身をもって示しているようなすばらしい仕事をしていました。それを見まして、どうも自分は語学は駄目だけれども、少し遠いところからやってみようというので、鞍替えというか、いつのまにか西洋史のほうに行ってしまったのであります。ですから、私の歴史は、文学部西洋史学科を出たというような、正規の常道を踏んで勉強したのではございません。自分が問題と感ずることなら、何でもやってみようという、いわゆる素人（しろうと）の歴史であります。しかし、素人というのはある意味では利点があるものでして、それぞれの学界の伝統的なテーマなり問題の立て方なりにとらわれないで、自分が問題と思うことをがむしゃらに追求してみようという自由な境地もあるわけです。その点、私としてはよかったのではないかと思っております。

こんなわけで、私がこれからお話しますことはみなそうですけれども、ヨーロッパのことをやっておりますのは、基本的には、日本にとってヨーロッパというのはいったい何だったのだろうかということが最大の関心事なのです。いろいろな文物を取り入れて、明治以来日本の近代化が進められたわけですが、形の上で取り入れたものはたくさんありますけれども、それを支えている民衆の意識、あるいは制度運営の精神といいますか、そういうようなところではどうもほんとうのことがよく理解されていない。それから日本の場合には、何でも日本一国でものを考える傾きがありますけれども、ヨーロッパの場合には一国では考えられない問題がたくさんあるということ。また日本でヨーロッパの歴史を研究するということは、単に外国のある国のことをやるとか、ある地域のことを調べるというのではなくて、日本の近代化といいますか、今日の日本を築く上で、きわめて大きな意味を持っている一つがヨーロッパであるという考えに発している。もう一つは何といってもお隣りの中国の文化だと思いますが、これら外国のものをどのようにして自分の血とし肉として行くかという、そのところを考えなければならない。日本だけで独自に今日を築いたわけではありません。

こうした問題を抱いていますため、いつも私の念頭からは比較史的な考えが離れないのでありますとくに私の関心事は、制度を支えている一般民衆の意識というふうなものにありますので、家なら家、あるいは村とか町とか国とかいうようなものを考える場合に、ヨーロッパとどこが違うのか、どこが共通なのか、そういう比較史的な気持が絶えず働いている。そのため素人は素人なりに中国史の本を読んだり、日本史の本を引っ繰り返したりというような形で、今までやってきまして、いまだに何もまとまらず、体系化もできておりませんが、そういう気持を常に持って今日に至っているということを、まず最初に申し上げておきたいと思います。

2　西ヨーロッパの優越とその動揺

　そこで、まず問題提起の意味で、ごく大ざっぱな話から入ることにいたしましょう。それはこういう問題です。すなわち西ヨーロッパが少なくとも近世の世界史上、世界のどの地域よりも進んだ先進地域であり、またそこに住んでいる人たち自身が「ヨーロッパの優越」というものを感じつつ今日に至っている。いわゆる「白人の優越」がそれでして、この感情はいまだに色濃く一般に残っている。この感情は、主として十八、九世紀の間に基礎づけられたものと思われますが、いったいそれはどうしてそうなったのでしょうか。さらにまた、その優越感が二十世紀の二度にわたる世界大戦の結果、急速に動揺を来たし、ヨーロッパの思想界に大きな変動をもたらしているというのも、まぎれもない事実であります。このことを、私ども歴史学や社会科学を学ぶものは、どう受けとめたらよいのでしょうか。この大問題を、ごくわかりやすく申しますと、これからの学問研究には、西ヨーロッパでできた学問体系や諸概念を鵜のみにしただけでは、正確に、あるいは的確にとらえられないものが、非ヨーロッパ世界にはたくさんあるという反省が必要だということであります。

　これを比喩的に申しますと、メートル法が西ヨーロッパで広く用いられるからといってそれを日本へ持ってきて、何でもメートル法で測るのがよいということになると、日本本来の考え方とはちがった形で端数がいっぱい出てくる。ところが日本では長い間使っている尺貫法があり、日常生活がこれによって基準化されているものが多い。和服でも畳でも、土地面積でも、みな昔ながらの基準が常識となっています。それを全部メートル法で理解しようとするのは、合理的かもしれないけれども、歴史的理解としては不都合なことが多い。これに類したことが非ヨーロッパ世界の社会生活にはたくさんあるのだということを西ヨーロッパ人自身も気がついて来ました。同時に私たちもそう考えざるをえない諸問題に出くわして来たのであります。

ところがもう少し遡りまして、そのような西ヨーロッパの優越ということがいつ頃から起ったのかということを振り返ってみますと、雑駁な話になりますが、私はだいたい十五、六世紀、つまりルネッサンス、リフォーメーション（宗教改革）以降だと考えます。ルネッサンスや宗教改革以前は、西ヨーロッパの文化は決してそう高いものではない。むしろオリエントとか中国の文化のほうがはるかに高度なものであった。イスラム圏や中国では、古くからいろいろ発明がなされ、技術ばかりでなく文学や芸術も栄えていたわけです。

ところで、高校の教科書などでよくルネッサンス、宗教改革によって、近代の幕が開けたのだと説かれます。しかしその内容をよく考えてみますと、ルネッサンスと宗教改革は、たまたま時代がだいたい似ているのですが、文化の動き、あるいはその狙いは、まったく正反対の運動であるというふうに理解しなくてはならないものなのです。

ごくわかりやすく言いますと、ルネッサンスというのは誰もが説きますように、自然と人間性の発見、人間の目で物を見、分析し、どこにどういう法則があるかを追求する。そしてまた人間というものの本性を露わなかたちで追求する。だから、醜い争いもすれば権力欲に燃えた戦争もするという人間性そのものをつかもうとする。別の言葉で言いますと、人間の社会、人間の文化というものをあくまでも肯定する立場なのであります。たとえばマキャベリ（N. Machiavelli）が政治とはどういうものかということをきわめて客観的かつ冷静につかもうとしたのも、そのあらわれであります。

ところが、これに反して宗教改革の運動は、腐敗した教会の形式主義・権威主義に抗し、神の前に立たされた人間の原罪への敬虔な反省、永遠の前における人間の歴史と文化の営みの空しさを強調した、いわば文化否定の動きであります。「ただ信仰のみ」、あるいは「聖書へ還れ」というときには、人間の歴史や文化はものの数ではないという前提に立つ、すぐれて厳しい内的な宗教運動であります。カトリックとプロテスタントというふうに制度化されてまいりますと、内容が大分変って来ますが、少なくとも宗教改革の本質は、この点にあったと思います。

ところが、その狙いを異にする二つの運動がたまたま十五、六世紀に起り、その後の歴史的経過の間で、もともと人間の築いた社会なり文化なりを否定する立場にあったはずのプロテスタントの生き方、ないしその倫理が、やがて近代資本主義を形成する精神と適合的に実を結ぶことになって行く。歴史というものはまことに皮肉でありまして、ある原因から予想もしない結果が出てくる。そのいちばんよい例をそこに見ることができます。そして逆に現世を肯定したルネッサンス精神からは、だんだんと科学と宗教の分離、とりわけ自然科学が起り、やがてそれが独り走りしてしまって、宗教心とか人間の幸せというものをある意味では見捨てながら進むこととなり、ついに今日、どうしてよいか歯止めのきかない核兵器の時代に到達してしまったのであります。ですから宗教と科学、Glauben と Wissen の分離という問題は、今に至ってわれわれは非常にシリアスな事態として深刻に受けとめなければならない。中世ではそうではなかった。あの時代には、信仰と知識、宗教と学問というものは渾然とした一体をなしていたのであります。こうしてルネッサンスは近代人の類型をつくったが、結果としては、科学と宗教というものが離れてしまうたいへん深刻なテーマを、今日の私たちに残したのであります。

しかしそこで発芽した自然科学の発達がその後もずっと受け継がれて、やがてそれを人間の社会生活のなかに応用するということになり、特に十八世紀のイギリスを中心に起る産業革命の運動につながって行く。この間には科学史上のいろいろの発明・発見がありますけれども、とにかくそういう道を歩んで、もろもろの自然科学的な原理が、社会生活とのつながりを持つこととなりました。西ヨーロッパの優越というものは、いろいろな思想面でも言えますけれども、いちばんはっきりしておりますのは、何と言ってもやはり産業革命以後の経済的な発展であったと考えます。

しかし、産業革命がどうしてイギリスに起ったのか、あるいはそれを支えている精神は何かという問題は一応抜きにして、その当時の状況を考えますと、それは自然科学的な諸原理を実用面へ応用するというイギリス人の国民性のほかに、植民地を持って、原料を持ち込み、これを加工してみずからは「世界の工場」になるという、まことに恵まれた政治的・経済的環境のせいといわなくてはなりません。

ちょっと余談になりますが、古い経済史の教科書などでは、商業が盛んになれば資本主義が起るのだといった十九世紀的な考え方が一般に行われていました。しかし、商業交易が盛んになるということと資本主義社会が成立するということとは、必ずしも合致いたしません。これは私があとで何回目かにお話しますけれども、商業交易、つまり物資の流通を考える際大事なことは、それがどういう商品であって、誰によって生産され、誰の需要のためにどういう仕方で商売されるのか、ということ、ここのところを押えないと商業の持っているほんとうの意味がわからないのです。

具体的に申しますと、たとえば一次産品を主にして商業が行われる。あるいは奢侈贅沢品が取引されている。またその買手が主として貴族階級、特権階級であるというようなときに、いくら国際的に広い範囲で交易が行われていたとしても、それは社会構造としては、近代化の基礎にはならない。たとえば帝政ロシアのときの国外へ売出す商品というのは、いちばん多いのは毛皮と奴隷であった。あとは木材・蜂蜜・蠟、そしてその見返りに外国から買うのは奢侈贅沢品である。顧客は言うまでもなくごく一部のロシア貴族でありますから、それは民衆にかかわりのない、特権的商人の特権階級のための商業で、奴隷はもちろんですが、毛皮だって皇帝から特権を与えられた貴族が一定地域の毛皮をとる権利を与えられ、隷属民を使って毛皮をとり、それをまた特権的に売るというやり方です。見たところ国際的な交易ですが、社会全般の産業発展には無縁のものであります。ですから、商業が盛んであるということの意味を知るためには、それがどこで産したものであるか。一次産品か、加工されたものか。加工だったらどこでどういう形で加工され、誰が買うのか。この点をよく吟味することが肝要なのであります。そうでなければ、商業交易が社会発展に及ぼす作用をつかむことにはならないのです。

余談が長くなりましたが、いずれにしてもヨーロッパは十八世紀に至って、恵まれた世界的な政治・経済環境の中で、まずイギリスに、羊毛工業を中心とした産業革命が起り、その動きが西ヨーロッパ諸国にも波及して、やがて資本主義の成立と世界制覇を決定的なものとし、ヨーロッパの優越感を烙印(らくいん)づけることとなったのであります。

もう一つ考えなくてはならないのは、国家的な背景と軍事力であります。すなわち、国民国家を単位とした勢力均衡という西ヨーロッパ独特の状況と、大砲・軍艦をはじめ、東洋人の太刀打ちできない軍事力を持つに至ったという事情であります。これらが重なり合って東洋が植民地化の波をかぶる運命に立ち至ったことは、ご承知の通りであります。

こうした世界情勢を背景にしまして、十八、九世紀の間、ヨーロッパに起ってまいりました思想は、いろいろありますけれども、私は二つの大きな流れを挙げてみたいと思います。その一つは十八世紀フランスを中心に起りましたいわゆる啓蒙思想、それからもう一つは十九世紀のドイツを中心に起りました浪漫主義の動きがそれであります。

近代ヨーロッパの学問、特に人文・社会科学は、体系化という問題をも含めて、この啓蒙思想と浪漫主義との、いわば縄をなったような形で論議され、発達して来たといってもまちがいないのではないかと思います。

十八世紀を中心とする啓蒙思想、これは文学・哲学、その他いろいろな面で言えますけれども、今日の講義に関係あることで言いますと、そこで主張されました問題は、理性の光に照らして合理的なものがよく、人類の文明もその目標に向って進歩するものだという考えであります。昨日より今日が、今日より明日のほうが文明は進歩するという考え方、しかもそれが神様の代りに理性の光に照してであります。

これに対してドイツを中心に起った浪漫主義思想は、人間の歴史というものは、それぞれの民族がそれぞれの特色を持っているわけで、比喩的に申せば、梅の実は梅になり、桃の実は桃の花を咲かせるという本性を持っているわけですから、一つの基準で測るということはなかなかできない。つまり非合理的、ゲーテの言葉で申せば、「筆舌に尽し難いもの」が民族、あるいは歴史の生命だ。そういうものをそれでは何という言葉でとらえるかというと、フランス人の「文明の進歩」に対してドイツ人の好きな「文化の発展」という言葉でつかまえようとするわけです。つまり発展というのは、本来、あるいは基層的に持っている性格が成長して、独自の個性をどんどん明らかにして行くという過程です。だから進歩のようにみんな一つの目標に向って行くというものはなく、一つの基準で測れるものではない。

この二つの考え方、合理と非合理、進歩と発展、あるいは別の言葉でいえば文明と文化、こういう考えの相違が二十世紀のこんにちでもいろいろ形を変えて議論されておりますのは、実はいずれも十八、九世紀の二大思潮のからみ合いといいますか、その名残りではないかと思います。

しかしこの二つの思想がからんでまいりますと、そこから歴史を見るときに、十八世紀的な思想に重点を置きますと、人類の文明というものは、一つのピラミッドといいますか、要するに世界全体の諸文明の進歩の度合いを段階づけて、そこに人類社会の全体像を構築することができるのだ。こういう考えになります。そして彼らがそこからつくり出した構想は、自分たち西ヨーロッパの近代文明がピラミッドの頂点をなしているのであって、近代以前のヨーロッパ社会はもちろん、非ヨーロッパ世界の諸民族の社会や文明はいずれもそれより低い段階、すなわちそれに到達するための前段階にあるものだという考え方になってきたわけです。こういう思想が、人文・社会科学の理論体系化の要請と結び合わさりますと、やがてそれぞれの専門分野からするいろいろな発展段階説が唱えられることとなるわけで、そこで共通していますのは、人類の社会は段階的に発展して行く、そしてその頂点に立っているのは西ヨーロッパ人であるという自信であります。要するにヨーロッパの優越というものを、学説的に、正当化する作用をもったわけで、それを論証するために、ヨーロッパ自身の歴史的な過去を段階的に位置づけると同時に、非ヨーロッパ世界の諸民族をも、その基準で段階づけ、いわゆる西ヨーロッパ中心の世界史観を創り出したのであります。

ところが同じ西ヨーロッパを見ましても、資本主義の発達という面から考えますと、その先端を行くのはなんといってもイギリスであり、特にドイツは大変たちおくれていました。ちょうどその頃に、イギリスではアダム・スミス（Adam Smith）の『諸国民の富』が出て、あたかも経済の世界理論であるかのような影響を与えました。これに対し、イギリスよりは一段たちおくれていたドイツでは、経済の諸政策はそれぞれの発展段階に応じて採択されるべきで、イギリスの自由貿易の波に直ちに乗るわけにはいかない。ドイツはさしあたり保護貿易でなければならないと説く学者が現れました。これは経済の発展というものを、やはり段階的にとらえるべきだとの主張でありまして、ここから経済学における歴史学派の諸学説が現れることになったのであります。

これらの諸学説は、必ずしも世界史を体系化しようとしたものではなく、もっぱらヨーロッパ社会だけを対象とした学説も多かったのですが、これを受けとる側、特に日本の学界では、これらのすべてを、あたかも世界理論であるかのように受けとる傾向が強かったことは否定できません。

いずれにせよ、このようにして二十世紀になってもこの考えはなかなか払拭(ふっしょく)されないで、西ヨーロッパ世界は、ヨーロッパというのは巨大なユーラシア大陸の頭であり、しかも目だ。あとの非ヨーロッパ世界は、ヨーロッパを生かすための胴体に過ぎない、というようなことを文明史論として説く評論家さえ出るに至ったのであります。

それはとにかく、経済のほうでこの問題をとりあげますと、歴史学派の人たちは、たとえば物と物とを交換する経済の段階、すなわち実物経済、次いで貨幣経済、それから信用経済というような発展段階説を考える。あるいは家（オイコス）の経済、村落経済、都市経済、国民経済、世界経済というふうな学説を主張する。あるいはマルクス主義の歴史観のように奴隷制、封建制、資本制というような段階を唱える。そうなりますと、今度は非ヨーロッパ世界の発展をどう位置づけるのかという問題がおこる。そこでこれをどこかの段階へ組み入れなければならない。しかし非ヨーロッパ社会の歴史は、ヨーロッパのことのように詳しく知られているわけではない。したがって非常に大ざっぱに「アジア的停滞性」とか、「総体的奴隷制」とかというふうに、とにかくアジアというものを引っくるめて、非常に低い段階で位置づけるという、まことにおかしな体系化が行われるということになった。

他方また、文化史の面から一種の段階説を唱えましたのはライプチッヒ大学のカール・ランプレヒト（Karl Lamprecht）で、あとでお話しします私どもの恩師三浦新七博士の先生でありました。ランプレヒトは経済史やドイツ史で立派な業績を遂げた後で、人間の心理と民族の心理との対応関係を考えまして、民族心の発展を五つの「文化時代」として体系化しました。そこでは絵画の発展から、社会や経済の発展に至るまで、とにかく民族の心理を基準にして総括しようとするわけでして、人類のいちばん初期の文化時代は象徴主義、すなわちシンボリズムの時代であると説きます。象徴主義の精神を比喩的に申しますと、たとえば幼稚園の子供に、お母さんの絵を描いてごらんというと、お母さんの顔の部分だけを大きく描いて、体や手や足はごく小さく描きます。つまり自分の関心の行くところだけを大きく描く。これを歴史でいえば、英雄時代の心理に該当する。自分たちの部族の英雄がやったことをあたかも自分のことのように考える。こういう心理はオリンピックの時などのニュースを見ていますと、われわれの心の中に今でもあることがわかります。

その次は類型主義すなわちティピズムであります。類型主義というのは、たとえば日本各地にある六地蔵や中世前期のヨーロッパの聖者が列をなしている画像などがそれに当るわけで、誰だということはわからなくても、類型化された約束でそれがわかる。またエジプトの彫刻などを見ましても、どういう職のものはこういう形でなければならないという類型が決っていて、これは王様だとか貴族だとか、これは役人だとかいうことが誰にでもわかる。そういう類型化した社会や民族心理が支配的な時代のことであります。

三番目は伝統主義、トラディショナリズムの時代でありますが、これはもう皆さんもご承知のように、伝統を重んずる封建社会がこれに当ります。そこでは先例があれば安心してこれを許すが、先例がない新規なことは非常に惧れる傾きが強い。したがって新しい技術や企業形態の出現が阻害されることとなります。これも私どもとしましては、日常的によく理解できる精神だと思います。

このようにしてようやく十五、六世紀のルネッサンス、宗教改革の頃になりまして、西ヨーロッパでは個性主義、すなわちインディビデュアリズムの時代を迎えることとなります。これも比喩的に申しますと、ルネッサンスの絵を想えばわかります。そこではある個人の肖像を描くという時、その人がどういう職業でどういう生活環境にあるかということは一向かまわないで、個人というものを取り出してできるだけ丹念にこれを描く。したがってそうした肖像画の背景などは、まったく想像の景色であってよいという考え方であります。また中世とはちがって自分の作品にサインするといった傾向も強く出てまいります。団体的な無名主義ではなくて、個人力量の発揮が重要となるのであります。

こうして十八、九世紀になりますとヨーロッパは主体主義、すなわちサブジェクティビズムの時代に入るとランプレヒトは考えます。ここでは主体的であると同時に、自分をとりまく社会的環境が問題となります。絵でいえば、その人の職業やその属する階級との関連において人物をとらえるというやり方となります。いや、人物ばかりでなく、「美」と感ずるものの意味が変って来るわけであります。絵の話など、まったくの素人ですから、まあこの辺でやめましょう。

いずれにしましても、以上申し述べましたように、西ヨーロッパでは、とくに十八世紀以後十九世紀にかけて、ヨーロッパを中心に世界の歴史を体系化することが、自明のことのように考えられたのであります。その結果、世界史を見るのに、写真で申せば、西ヨーロッパの歴史はポジとして考え、それ以外の非ヨーロッパ世界を、一括してネガにおいて見るという常識を生み出しました。こうして社会や文化の発展をもっぱらヨーロッパの物差しで測ることが学問的であるとする考えが普及し、特に歴史学や社会科学の面で、西ヨーロッパの学説があたかも世界理論のように受けとられたことは、明治以来のわが国の学界を見ても明らかなところがあります。

ところが二十世紀に入り二度にわたる世界戦争の結果、このような歴史観への疑問が、東洋の学界からではなく、西ヨーロッパの思想界のなかから提起され、こういう観点からでは公平、公正に世界の諸民族の社会や文化をとらえることはできないという反省をふまえて、そこからいろいろの思想や、新しい歴史観が唱えられることとなりました。

それらの中で、第一次世界大戦後にあらわれた最も代表的な著作は、皆さんもご存じの、シュペングラー（Oswald Spengler）の『西洋の没落』というあのいわばジャーナリスティックな書物であると言えましょう。次いで有名な最近の著作は、アーノルド・トインビー（Arnold J. Toynbee）の大著『歴史の研究』でありましょう。トインビーの考えでは、世界史の中にはもろもろの文明があり、その諸文明がお互いに作用を及ぼしつつ盛衰し、今日に至っているとみる。そして西ヨーロッパ文明を中心に据える従来の世界史観をくつがえす大きな業績をなしとげたわけであります。

ところがそうなりますと、こんどはヨーロッパ世界と非ヨーロッパ世界の多種多様な社会や文化をトータルに見る立場は何か、という非常に大きなむずかしい課題に出食わすこととなります。これについてはいろいろの試みがなされているわけですが、私の考えでは、そこではどうしても社会学的な概念を駆使し、それによって媒介されるのでないと、どうもうまく行かない。とくに文化人類学や宗教社会学、あるいは民俗学のような学問の成果をとりいれる必要がある。つまりヨーロッパ中心史観から脱却したとたんに、こんどは今までの歴史学とはちがった新しい学問領域の成果を、歴史研究の視野の中に入れなければならなくなって来たのであります。

この動きと同時に、西ヨーロッパの歴史学界においては、私どもはいわゆる古典学説への批判という言葉で呼んでおりますが、十八、九世紀の歴史家たちが、あたかも自明のこととして用いた歴史把握のための基本的な諸概念、たとえば「国家」とか「自由」といった概念の内容についてのきびしい反省と批判が出て来たのであります。すなわち古典学説における「国家」というのは、領土と国民と主権とを兼備した領域的な近代国家のことであり、「自由」というときには、フランス革命以後に出て来たヨーロッパ特有の自由の概念である。それ以前の中世などでは、そうした意味での国家もなければ、自由も考えられていなかったのだという反省であります。事実、十五、六世紀から先へ遡って行きますと、そこには国民国家などというものはない。そもそもネーションなどという意識はない。

また「自由」とか「自由人」という言葉の内容も、近代のそれとはまるで違うのです。たとえば中世における「自由」というのは、誰かの保護の下に立ち、後見人を持っていると言いますか、つまり裁判に出るときに、身分を引き受けてくれる氏族の長のような人がいるときに、それが自由なのであり、身元を引き受ける人が誰もいないような場合は、「フォーゲルフライ」(vogelfrei)と言いまして、法律の保護の外におかれ、死んだって誰も埋葬してくれない。野垂死(のたれじに)であります。ところが氏の長によって保護されている氏人(うじびと)であれば、これは保護されていますから、そういうのが自由人なのです。このように自由とは何かということは、時代によってみんなちがうことがわかってまいりました。そうなりますと、今日の自由という概念で中世の身分を考えるということはできない。その場合には部族とか氏族とか家族とかいうものの、中世の特殊なあり方を理解しないと、その身分の歴史的・社会的意味がわからない。同じように家とか家族という概念も、あるいはあとで触れますように、村とか町というものの考え方も、日本のそれとおよそちがった団体意識の上に立っているのであります。

このように、ヨーロッパ自身が、今まで自明と思っていた概念に対する批判が出てまいりますと、非ヨーロッパ世界の社会や文化をどう位置づけるかという問題と同時に、十八、九世紀以来の学説の用語をも、一つひとつ吟味しなければ、自分たちの過去さえ正しく理解できないという二重の反省に迫られることとなりました。これはもう、たいへんな動揺を学界にもたらしたことは、想像に難くありません。

3　西ヨーロッパ基層社会の構造的特色

そこで第二次世界大戦以後のヨーロッパにおける歴史学の主流はどうなったか、ということになりますと、その一つは、今までのような法制史・経済史・政治史など、それぞれの分野でできあがったいわゆる古典学説の問題の立て方を、いっぺん御破算にしまして、私が「地域史研究」と呼んでいる各地域社会の実証に即した総合を企てようとする動きがそれなのであります。

す。郷土史や地方史は非常に古くからヨーロッパはもちろん、日本にもありました。それは大ざっぱに申せば自分の郷土のことを知るために、一種の誇りを持って、帰属意識を強める作用を含むものですが、ここ二、三十年間〔一九五〇〜六〇年代——編集部注〕に勃興した地域史研究は、そういうものとはちがって、純粋に学問的な関心から、それぞれの地域における社会集団の在り方と変化を、政治も経済も法律も、あるいは宗教も考慮して、可能な限り総合的にとらえるという研究であります。トータルに社会生活の在り方と変化をつかむためには、フランスとかヨーロッパというふうに大きく単位をきめることができないので、たとえばノルマンディーのある地域や村、あるいはチロールのある一つの町とその周辺地域といった形でのさまざまな地域が総合的な研究の対象としてとりあげられます。

対象は社会集団の在り方とその変化でありますが、内容的に言いますと、一つの村も社会集団ですが、しかしある問題については、その村域を越えたより広い関連を持っています。たとえば姻戚関係がそれであります。その村の人はどうしたひろがりで婚姻関係を結んでいたか、それが時代によってどう変ったかといったことも大切なテーマとなります。日本で申せば、その村はどこの町と経済関係を持ち、どこの町へ年季奉公に出かけたか。さらにまた町へ行った人と村にいた人との死亡率の差があったか、といったことまで研究されることとなりました。だからそういうふうになってまいりますと、今までの法制史・政治史・経済史というふうに分れて体系化する研究ではつかむことができないことがわかって来たのであります。

あるいはまた、問題によりまして、地域の広狭とその重層性を考える必要があるのです。たとえば中世で申しますと、リューベックならリューベックという町はそこで鋳造する貨幣を持っています。ケルンの町もまた独自の貨幣を持っている。そうなるとリューベックの貨幣とケルンの貨幣との流通範囲はどういうふうにしてオーバーラップし、どのように両替されたのかが問われなければなりません。日本で言えば、江戸時代に各藩が発行していた藩札の流通と似たような関係が、もっと複雑に錯綜していたのです。この例でもわかりますように、地域に重点をおくといっても、その地域は問題ごとに広狭さまざまに、また重層的に、考察されなくてはならないのです。

それから二番目に指摘したいのは、最近特にやかましく言われるようになりました「社会史」についてであります。従来、社会史と言いますときには、風俗史・生活史、つまり何を食っていたかとか、どんな家に住んでいたか、あるいはどんな衣装であったか、といった庶民生活の歴史だと一般には考えられていました。また伝統的な政治史に対して、意識的に社会史という概念を対立させる考え方もあります。しかしいま日本でも紹介されつつありますフランス「アナール学派」の社会史は、それらとはちがった新しい視角からするものでありま す。これは最初、マルク・ブロック（Marc Bloch）とリュシアン・フェーヴル（Lucien Febvre）というすぐれた歴史家が中心になって、『アナール』という雑誌を発行しましたことに発するのでありますが、その後、この雑誌の論調や性格が、だんだんと変ってまいりまして、あるものは深層歴史学や人口歴史学の道を、他のものは心性史や食物史、あるいは無文字社会の歴史をという風に、あまりにも新奇を追う傾きをしめし、それでどのような社会史の体系ができるのか、すくなくとも私には読み物としては面白いが、とてもついて行けないといった感じを禁じえないというのが、正直な告白であります。

私が読み物としては面白いが、ついて行けないと申しました意味は、こういう研究からは、社会集団の発展の方向づけがわからなくなる危険があり、民俗学とか文化人類学といった学問に近づき、歴史の発展というものに対するセオリーを立てることが、なかなかむずかしいのではないかと思うからであります。

それにしましても、例えば無文字社会の歴史というものは大変面白いということを、最近特に気づいています。余談になりますが、その問題点を申し上げてみましょう。人類がこの地球上のあちらこちらに住みはじめたのが、今から何十万年前か、何百万年前か存じませんが、その人類の文字が現れるのはせいぜい五、六千年以前のことといわれています。エジプトの象形文字にしても、メソポタミアの楔形文字（くさびがたもじ）にしましても、あるいは中国の甲骨文字にしましても、たった五千年前のことでしかないのです。それ以前にどうやっていたかさっぱりわからない。それ以前はいろいろの呼び声をふくめて、要するに全部、話し言葉であり、文字ではない。何か約束ごとの文字や象徴があったかも知れないけれども私どもにはわからないし、残っていない。小樽のそばの手宮の洞窟に古代文字があるというので、先年私も行ってみましたけれども、怪しいものです。だからそういう時代はいろいろのシンボル、象徴とか、掛け声・叫び声とか、もろもろの伝統的な儀礼というようなものが、社会生活の秩序をつくってそしてずっと後世になって、古代文明の発祥地域で文字が記されるようになった。しかもその文字も、実は一握りの特権階級によって独占されていたのです。こう考えますと、われわれ庶民の日常的な話し言葉が文字でわかるようになるのは、きわめて新しいことで、せいぜい千五百年ほど前のことではないかと思います。ここまで考えて来ますと、無文字社会ばかりでなく、歴史時代になってからの文字と一般庶民の話し言葉との関係、ひいては文字史料の意味といったことが、あらためて問われなければならず、大変興味深い社会史のテーマとなるのです。

こんなことに興味を覚えますのは、実はヨーロッパ中世史の史料のことを考えているからであります。ヨーロッパの中世史の史料は、だいたい十二世紀までは圧倒的にラテン語でありました。しかし民衆にラテン語がわかるはずはありません。彼らが日常どうしゃべっていたかということの史料はほとんどありません。たまに「俗語で何々という」(qui vulgo dicitur) といったかたちで、単語ぐらいがわかるだけであります。そうするとラテン語の習得をしていたのは、貴族・聖職者・法律家といった特権階級であったといえます。同じように、日本の場合には漢字が入ってきて、漢字文明が貴族・僧侶・官僚・学者らによって受け継がれたわけです。

ところが日本の場合は、ヨーロッパと比べて非常に不思議なことに、すでに七、八世紀の頃から、今まで話し言葉であった日本語の発音を漢字に置き換えることに成功し、また漢字を外国語としてではなく、独自の読み方を考案したのです。ムラと言っていたものに村という字を当てる。クニと言っていたものに国の字を当てるというように、漢字文明との対応の仕方は、世界史的に見て実にユニークな、しかも非常に早期に自分の話し言葉にこれを活用し、その過程で片仮名、平仮名をつくり出し、さらに漢文を読むための乎古止点(ヲコトてん)を発明したのであります。日本人は外国の模倣ばかりして来たといわれますが、それは間違いで、こんな素晴しい才能は、他国では類が少ないのではないでしょうか。お隣の朝鮮半島では諺文(おんもん)、すなわちハングルは、ようやく十五世紀中葉、李朝の頃にできたもので、それ以前は漢字文明の史料で、民衆の話し言葉と官庁の公文書とはまったく二元的であったと考えられます。

そんなふうに考えますと、ヨーロッパ中世のラテン語や東洋の漢字のような高度文明の文字と、ローカルというか、とにかく各地域の民衆の話し言葉との関係を比較研究することは非常に面白い問題を含んでおり、それこそ社会史のテーマとなります。日本でなぜ漢字文明に圧倒されないで日本語が早くから書き言葉に転化したのか、その理由は言語学者に聞きたいのですが、どうも私の不勉強で、そこのところはよくわかりません。

まあそれはとにかくといたしまして、つぎに三番目に申し上げたいことは、西ヨーロッパ社会が近・現代においてなぜ先進的となり得たのかという問題です。西ヨーロッパが十五、六世紀以来、ことに十八世紀を境として、非ヨーロッパ世界よりも進んだ社会であると彼ら自身が考え、また現にそういわざるをえない政治的・経済的・文化的な諸成果をあげた。現に私たちも西ヨーロッパは先進国だと思っているわけです。もしそうだといたしますと、西ヨーロッパにそういう先進的社会が出てくるための基層社会、すなわちプロト・ソサエティと言いますか、原型と言いますか、元をなしている社会構造が、非ヨーロッパ世界とちがっていたのではないか、ということが問われなければなりません。

言いかえますと、私の関心は、国民国家単位でものを考えるようになった十八世紀以前、いやすでに十五、六世紀以前のヨーロッパのどこかの地域に、非ヨーロッパ世界とはちがった基層文化と言いますか、とにかく独特の社会構造が出現したのではないか、それはいったいいつごろから何をきっかけに形成されたのだろうかということであります。

この問題を結論的に申しますと、十二、三世紀のヨーロッパ、あるいは十一世紀末からと言ってもいいのですが、十二世紀を中心とするヨーロッパが、すでに東ヨーロッパ、あるいは東洋などとはまるでちがった社会構造に変るということが証明される。このことについては、あとでもっと具体的にお話ししたいと思います。

このように問題を提起しますと、現在の国別の研究ではどうにもならないことがわかります。この目標のためには、ヨーロッパというものをきわめてユニークな歴史的形成体として、とらえなければならない。しかし十二世紀まで遡りますと、今度はまたその前にどういう過程を経てそうなったのかという、その前提をお話ししなければなりません。そこでだいたい中世一千年の歴史をそういう観点から、社会構造の歴史的転換ということに重点を置いてお話ししてみたいと思っております。ところで転換期という言葉が私には気になるのです。と言いますのは、この頃は政治家や評論家などは転換期ということを実に安易に言いますが、厳格な意味で歴史における転換期というのは、神に対するものの考え方、自然に対するものの考え方、それから仲間、つまり同胞に対するものの考え方、この三つが変ってゆく。そういう大きな社会意識の変化のことなのであります。

早い話、戦後になってわれわれの自然、あるいは土地というものに対するものの考え方が変ってまいりました。そういうことが歴史のなかに起るわけです。それから同胞に対する考え方、それはある時期には今のように貨幣によって媒介されているのではないもっと共同体的な同胞観がいくらでもあったわけです。たとえばギルドだとか、教団とか、宗教運動とか、市民という意識とか、いろいろなものが出て来ますが、そういう問題をも中世一千年のなかで大づかみにお話したいと思っております。

4　私の社会史的把握のねらい

そこで話をもとへもどしまして、表題に社会史と書いてありますが、今まで申して来ましたように、私の社会史は、アナール学派のような社会史ではなくて、私自身苦心して、まだ一向にその結果の出ない社会史的考察なのであります。そこで、私独自の社会史の狙いとその方法について少しお話しておきたいと思います。

私の社会史は、従来のような国別の歴史把握に対して大きな疑問を持っているのです。自分はフランス史の専門家だ、イギリス史の専門家だ、あるいはドイツ史の専門家だという人はたくさんいますけれども、そういう専門家はよその国のことにはまるで無関心である。しかしそうした国別の歴史が問題となるのはせいぜい十八世紀以後のことであります。それ以前にはそういう近代国家、国民国家というものはまだ存在しない。いまわれわれは頭のなかで英・仏・独などの国家が自明のことのように考えられていますけれども、よく考えてみますと、これはおかしいので、およそ国家というものは世界中を見渡してもわかりますように、決して固定された単位ではない。国家は歴史的にはきわめて流動的なもので、国民が国家をつくるのではなくて、国家という政治権力が長い歴史的経過の間に国民意識を育てるものだと言わなければなりません。これは非常に大事なことなのです。日本では国民がいて国家ができるのだと思っているようですけれども、これは大間違いです。国家という政治的な権力構造と言いますか、ゲヴァルト（権力）による枠組がつくられて、その中にだんだんと国民意識が育てられてくる。だから国家という政治権力的な動きのほうが先でありますから、国民国家というものはきわめて流動性を持ったものであるというふうに考えられる。ですから特に中世を研究しようとします場合には、国別ではとてもその具体的な社会像をつかむことができない。

それからもう一つは、ご承知のように、社会科学が最近非常に分化いたしまして、政治史・経済史・法制史といった具合にいろいろな形に分化して、それぞれの学問分野の中でそれを理論化し体系化する、いわば教科書的な概論がつくり出されてまいりました。ところが今まで申してきたことからおわかりのように、地域社会のトータルな発展の姿を知るためには、各社会科学の分化し、体系化した理論をいっぺんぶちこわす必要がある。そうでないと全体像がわからない。そこで私の場合はさし当っての試みとしまして、政治史・法制史・経済史などを引っくるめて、それらの相関関係または適合関係を見ることができないだろうかと考え、そういうものを仮りに「社会史」と名づけてみた次第であります。

ところがひと口に社会科学といいますが、これがなかなか厄介であります。一般には学問研究の分野と方法を自然科学・社会科学・人文科学というふうに分けますが、今ではこの分類も危うくなってきました。そんなに截然（せつぜん）と分けられない問題がつぎつぎと出てまいりました。たとえば公害の問題一つとってみましても、遺伝子組替えの問題をみましても、これはもう自然科学者だけに任せておくことはできない。あるいは農業は自然科学の分野ではありますが、実はこれほど経済に関係のあるものはありません。ですから、そう簡単に分けられないのですが、ごくわかりやすく社会科学を説明しますと、それは、個人ではどうにもならない力で動いてゆく社会現象を分析する学問だと言ってもよかろうかと思います。すなわち、経済、政治、あるいは法律、つまり個人ではどうにもならない社会集団のうごきを研究対象とするものであります。

これに反し、文学とか哲学とか芸術という分野になりますと、社会との関係はもちろん無視できませんが、いちおう自分の思索を深めることによって研究を続けることができます。したがって立派な芸術家や文学者が出たからと言って、その社会がよくなるものでもなんでもない。社会現象というのは、そういうわけで、大小の社会集団が重層的にあり、それらが全体としてどういうふうな動きを示すかという学問だと仮定いたしますと、それをできるだけトータルにつかまえたい。こう考えるわけであります。

そしてその究極の狙いは、最初に申しましたように、今まで優越を感じていた西ヨーロッパ社会と非ヨーロッパ社会というものをイコールにと言いますか、とにかく公正に比較する。そしてより高い次元において学問的にこれをとらえる座標軸が考えられないだろうか。それがこのセミナーでの最終回の私の問題であります。たいへん大げさな野心的なことを申しましたが、実はこの仕事は非常にむずかしくて、私にはとても力及ばないことはわかっているのです。ただしかし、西ヨーロッパの物差しや概念でできています従来のあまりにも専門化した社会科学の既成の考え方を一応壊してしまって、ヨーロッパ人でないわれわれにとって何を知ることが学問的に大切なのか、それを知ることによって何がわかったと言えるのか、というようなそういう境地を、少しでも開けないだろうかという大それた考えなのであります。

なお余談ですが、私はヨーロッパや東南アジアの諸地方を見て回って感ずるのですが、民俗学や文化人類学といった学問と歴史学との関係を考えてみますと、歴史学は社会がどう発展するかとか、どういう条件がそろったときはどう変革されるかという問題を考えなければならない学問で、その点で民俗学などとはちがいます。なぜこんなことを申すかと言いますと、西ヨーロッパの先進国に行ってみまして感ずるのは、彼らは東南アジアやアフリカの諸国を植民地化したせいで、大学などではまず植民地についての自然科学、すなわち医学・動植物学・地理学等々が盛んで、それらに次いでは商品学、それから民俗学であります。すなわち植民地では歴史教育というものはやっていない。歴史教育は、植民地支配から解放されて、やっと最近そこに住んでいる人たちの意識として興って来たわけであります。ですからあのネール（Jawahalral Nehru）が語る世界史のごときは、そういう観点から、真に画期的なもので、それ以前のインド史の研究はもっぱらイギリス人がやっていたに過ぎないのです。

そのかわり民俗学的な踊りだとか儀式だとか風俗・宗教・生活様式、そういったことについては非常に詳しい研究がなされて来ました。これだけでは困るわけでして、そういう点でも民俗学・文化人類学などと歴史学との関係は、はっきりつけておかなければならない。現地の民衆に歴史教育を実施しないで、歴史なき社会に釘づけするということと、植民地化という問題とがいかに適合関係にあったかということがよくわかります。

だいぶ話がそれましたので、これから中身に入りたいのですが、その前に、もう一つだけお話しておきたいことがあります。ちょっとプライベートなことになり、恐縮ですが、中身へ入る糸口として、申したいのです。それは私が西洋史をおそわりました三浦新七博士の考え方についてであります。三浦博士は先ほど申しました、ライプチッヒ大学のカール・ランプレヒトのもとで、歴史学を学び、九年間ほど留学して帰られた方であります。

博士が発表された論文はそう多くないのですが、幸い岩波書店から『東西文明史論考』

（昭和二五）というかたちでその主要なものが出ております。私が今日この書物を取り上げましたのは、これからお話するヨーロッパ中世というものについて、どういう考え方があるかという一つの最もすぐれた例を示してみたいと思うからであります。

さて、中世とはどういう時代か、ということについては、多くの人々が種々の説をなし、時代によってその位置づけも変化しているのですが、長い間、一般におこなわれていましたのは、やはりあの歴史の三分法とのかかわりで考えられた中世観であろうと思います。この古代、中世、近世と大きく三つに分ける三分法は、十六世紀の人文主義者の考え方に基礎をもつものであります。十五、六世紀、ルネッサンスの人たちは、自分たちの時代は人間の目で外のものを観察し、自然と人間性の発見をめざす新しい時代、キリスト教的世界観に囚われない文化を創る時代だということを強く感じました。たとえばレオナルド・ダ・ヴィンチは人体を解剖してはいけないとされていたのに、ひそかに死体を掘り出してはこれを解剖し、その構造を分析しました。今でもイタリアに行きますと、あの時代の医学生が解剖して裁判にかけられた記録がたくさん残っているのを、私はボローニャの大学で見せてもらった記憶があります。

そういう気風が起ってきたときの人たちは、自分たちは新しい時代に生きている、歴史の新生である、自分たちが模範とするのはギリシア、ローマの人間中心の古典文化、クラシックな文化である。こういうふうに考えたわけです。クラシックということばの意味については、第一級とか、小学校でおそわる基本とか、いろいろの議論があるのですが、とにかくこれを模範とすべきである。したがってその時代とルネッサンスとの中間にある時代というものはいわばネガティヴな意味しかもっていない。ですから古典古代、それから新しい時代、その中間にあるという意味でメディーヴァル――中へ挟まったという意味です――・エージと呼びました。ですから、それにどういう内容を盛るかということになりますと、乱暴にも、野蛮とか粗野とか暗黒とか、いろいろなかんばしからぬ内容を盛ったわけで、それ自体積極的な評価がなされていなかったのであります。

たとえば最近非常に重視されております建築や芸術上のゴシックという言葉も、ゴート族のという意味でして、野蛮なという気持を込めた言葉なのです。ところがそれが十九世紀以後になりますと、二十世紀初頭のヴォリンガー（Wilhelm Worringer）などのようにゴシックの持っている意味を積極的に評価する企てが出てまいりました。この傾向は、美術史ばかりでなく、あらゆる領域で中世の社会を再評価するうごきとなり、中世というのは実は直接近世の幕を開くプロトタイプ、基層社会を準備した時代であった。そこのところをわれわれは見極めなければならないというふうに、中世観の内容が変って来たのであります。

その話に、内容を盛ることはあとにいたしまして、ここで私は、いま申しました三浦博士が、どういうふうにヨーロッパ文明の全貌を考えておられたか、そのことに触れておきたいのです。博士は私などよりもはるかに大きなスケールで考えておられるのですが、しかし私自身はそういう観点とはちがったことをやろうとしているのだということを、ご理解いただきたいと思うからであります。

さて三浦博士はまずこういうふうに言います。博士は文化と言わないで、文明と言われるのですが、ヨーロッパ文明は三つの源流から成り立っている。一つはユダヤの宗教観、二番目はローマの法律、それから三番目はギリシアの哲学がそれである。そして面白いのは、たとえば先生がユダヤ、ギリシア、あるいはローマと言うときには、それは歴史的経過においていろいろなことが起り、いろいろな人がいたということを考慮してではなく、ギリシア人ならギリシア人の営んだ歴史的営みのなかからギリシア人の特性を最もよく発揮しているというものをつかんで、それをギリシア的なるものと規定される。ですからギリシアの場合は主として哲学であり、ユダヤの場合は宗教、ローマの場合は法律が最もよくその特性を示していると考える。つまり民族性のエッセンスを取り上げられるわけです。

そして次のように説明される。すなわち今日のヨーロッパをつくっている三つの要素のなかで、主知的、つまりインテレクチュアルであると同時に個々の現象の底に潜んでいる普遍的なものの本質を見ぬくことのできる目の人がギリシア人である。だから現実にはアテネだとかスパルタだとかいろいろなポリスがあるけれども、それぞれの国家はそれで一つの完結したものであって、およそ国家というものの本質はみな同じなのだというふうに考える。

ところがローマ人の場合には、これと対照的な、いわば意思の人であって、物事を考えるときにはその本質を見ぬくのでなく、まず多元的に考える性格がつよい。これを説明いたしますと、ここに一つの物がありますときに、多元的に物を考えるというのは、このアングルから見るとここだけしかわからない。別のアングルから見るとそこだけしかわからない。つまり、多元的に衝立を立てまして、そこからわかる限りにおいて理解すればよいので、そのものの本質はさしあたってはわからない。こういうのがローマ人で、それを最も具体的に表しているのが法律の解釈であります。法律家というのは、起ってくる事件の本質はつかまないで、それぞれの条文に照して、この限りではこうだと解し、その組合せから全体に迫ろうとする考え方であります。

なぜそうなったかということを博士が説明されるときには、地理や風土と同時にその民族がおかれていた政治史的環境についても配慮される。たとえばギリシア人は当初大きな外敵もなくて、風光明媚で複雑な海岸線のあちこちのまとまった小地域でポリスの分立状態をつくっており、奴隷制の上で特権的な市民共同体をつくったわけですから、そこではどの町で行われることも本質的には同じはずだという普遍的な国家論が出てくる可能性が強い。自分のポリスで行われることは世界中に通用するものだというような、妙な知的自信があるというわけです。

これに対してローマ人は絶えず外敵と戦わねばならない平坦なやせた土地に定着した部族であったため、じっくりとものの本質など考えている余地がない。これは私ども個人の性格についても言えると思います。知的にも物的にも非常に恵まれた環境に育った人は、物事の本質を見ぬくような目の人、あるいは観照的な性格になるけれども、逆に苦しい境遇に置かれ、日々の生計に追われているというような経験をした人は、起ってくる事件に対応して自分の態度をとらなくてはならず、そうした多忙な生活の体験を通じて、漸次に自分の生き方をつくりあげるという傾きが強い。つまり知的な目ではなくて、実践的な意思が常に強くなければまいってしまうことになるのです。

　それではユダヤはどうなのかというと、ギリシアとローマの中間の性格として位置づけられる。ユダヤ人はローマ人と同じように実践的で多元的である。しかし個々の存在が自力で存立する力はローマ人ほど強くはない。そこからどうするかというと、かれらは日常的な体験の比較を絶した大きなもの、比較を越えた神を考える。実践的で多元論的でありながら、個々のものが自立的に生活する力を欠くから、それを越えた一つの神を考える。その神の本質はどういうものかわからないが、神様の存在は途方もなく大きなもので、それにくらべると人間はけし粒のようなものだ。そこでかれらは、神の意思は多分こういう方向を向いているだろうということを察して、けし粒のような個人が神の意思に沿うように日常生活をきびしく律してゆく。それが律法だ。律法のおきてに従っている限り、安心がゆく。そういうのがユダヤの国民性であるというのです。

　話せば長くなりますけれども、これは砂漠の民として生きる風土や環境とこの国民性とが深い関連のあることは見のがせません。すなわち荒ぶる自然の脅威にさらされ、町に住むものと遊牧の民と隊商の群という三者がお互いに契約を守ることを通じて生活する共存関係ができるわけで、神との約束、それから日常生活における契約の意味がきわめて大きい、そうでなければ社会秩序が成り立たないのです。たとえば町の中をぞろぞろ何千頭もの羊を連れて、いつということなしに通られたのではどうにもならない。だから何日間だけは通過を認

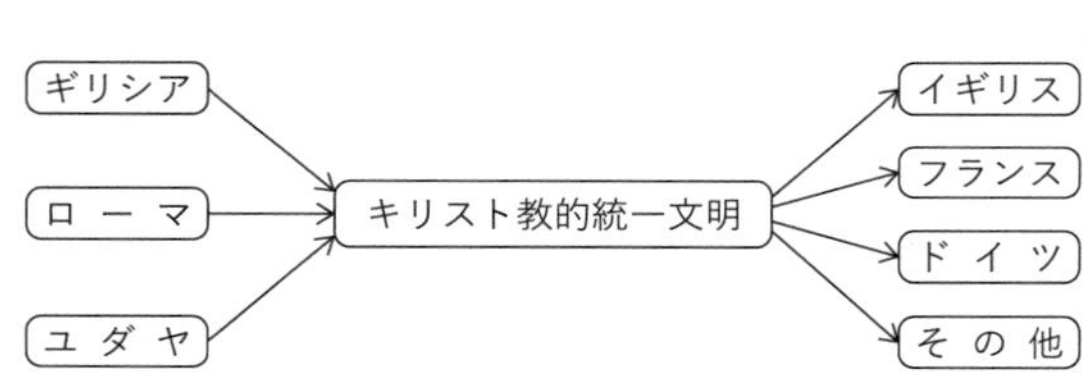

めるが、それ以外は絶対いけない、といった約束が大切なのです。しかしそれにしても絶対のものが欲しい。絶対のものが欲しいというのは、砂漠の中で竜巻が起るとか、思いがけない天災や地変をもたらす自然の力を見ていますから、そこで荒ぶる神、怒りの神、人力を越えた神を考えざるをえず、その意思に自分も沿いますということで、律法を守る生活が日常の民族的規範となるのです。

このように三つの源流となる国民性を指摘したあと、博士のヨーロッパ文明論が説明されます。それによりますと、これら古代の三つの要素は、やがてユダヤの論理を中心に実践的に統一され、それが絶大な権威によって、その意味的統一を保持することに成功することになるのが、ほかならぬ愛の宗教としてのキリスト教、つまりカトリック的教会文明である。キリスト教はユダヤ教とはちがって、民族を越え、部族を越え、どんなものも入って行ける真に普遍的な宗教として、ヨーロッパ文明を形成する。つまり三つの源泉があって中世に入り、一つのキリスト教的統一文明の世界が形成される。この「キリスト教的統一文明」という言葉は、博士がよく使われた好きな言葉なのです。そしてそこからやがて各国の国民性を持った諸国民文化が出てくるというふうに説かれる。

ですから、初めに三つの源流があり、それが一つになってヨーロッパ中世をつくり、その中からやがて各国の国民性が出てくる。こういうふうに説かれるわけです。一つのキリスト教的統一文明から、それぞれの国民性が出てくるというのは、近世に入って、特にルネッサンスおよび宗教改革をきっかけに形成される国民的自覚の過程なのです。そこでここの説明が非常にうまいので感心してしまうのですが、とにかく次のように言われる。博士の説明によると、ヨーロッパの十二、三世紀はたとえて言えば四歳か五歳の子供で、蛙でいえば「ゲエルコ」——これは面白いことに、山形の俗語でオタマジャクシのことらしいのです——つまり未成年者だ。この未成年者が巨万の富（キリスト教的統一文明）を共同に相続した場合に、つまり四、五歳の子供がそういう大きな古代文明を一括したようなキリスト教文明を相続した場合、その後見人である教会が、一時その全遺産を宝の倉の中に保管し、その中からおのおのがそれを維持する力量を発揮するのを待って、その力量に応ずるだけの物資を小出しに渡して活動せしめ、おもむろに育ててその成年期がくるのを待つ。国民文化というものはそういうものだ。だから十二、三世紀から近世へかけての状況は、四、五歳の子が成年期になるのに応じて、カトリック教会から文化のお裾分けを小出しにしてもらう時代に当る。要するに古代的文明の宝庫の中から成年になるのに応じて、個性のある文化をつくって行く、こういうふうに言われるわけです。だからその宝庫の中に埋蔵されている遺産全体の財産目録に目を通さなければ、ヨーロッパ文明はわからない。近代になって開花する国民文化を知るためにはキリスト教的統一文明のお倉の中に入っているもの、それのどれをイギリスが持って行くか、ドイツが持って行くか、フランスが持ち出すか、という発想であります。

そこで三浦博士の結論を言いますと、多元論的・経験主義的な特性を持っているのがイギリスの国民性であり、一元論的な非常にクリアーな性格を持っているのがフランス、そしてこの両者の中間にあって、多元論と一元論とを動的な、ダイナミックな論理で結びつけようとして行くのがドイツの国民性であると説く。ドイツの場合には、イデー、理念ということを好んで言いますが、それは理念が容易に実現されないものであるから、思考が螺旋状式に進められ、その方向づけとして学問体系ができる。ロマンティシズムもそれと無関係ではありえない。これは文学を見てもわかるような気がいたします。また国家の在り方を見ても言えるわけで、ドイツではアインハイト、統一ということを理念としてかかげますが、現実はいろいろな領国の分立状態が長くつづいていた。これに反しフランスは非常に早く統一国家をつくる。こうした差は、経済学の諸学派を比較してもわかるように思います。

三浦博士の考え方を長々と紹介しましたが、要するにこれは文明史論であります。文明史論ではありますが、しかし私はそこには非常に参考になる面白い問題が含まれていると思います。なぜなら、それは現存する英・独・仏というような代表的な国民国家が前提にされているわけで、ベルギーとかオランダ、あるいはイタリアやスペインの国民性については触られていないのです。博士にとっては大ざっぱな格好でヨーロッパの代表的な国民国家の特性を示せばそれでよいわけで、その関心はあくまでも国民性の文明史論であると言えます。ヨーロッパ文明史論としては、そのスケールの大きさに頭のさがる思いを禁じえません。しかし私が前述しましたような立場からいたしますと、この考え方はいわば十九世紀末から二十世紀初頭にかけてのヨーロッパの古典的な問題の立て方をふまえた文明史であるように思います。

そこで、博士のヨーロッパ文明史の構想に異論を唱えるという意味では毛頭なく、現在の私が、自分自身のささやかな研究をふまえて、ヨーロッパの文化や社会をどう見ようとしているかの視角を申したいと思います。

私の考えでは、ヨーロッパ社会を考える際には、ユダヤ、ギリシア、ローマといった「高度文明」(Hochkultur) の要素と並んで、いや、それにまさるとも劣らない大きな意味を持つものとして、どうしてもゲルマンの民族性というものを考えざるをえないのであります。同じように東ヨーロッパ社会については、スラヴ民族性が重要ですが、ここではスラヴ人のことは触れないでおきます。このことは決して民族主義的な立場から申しているのではありません。その点、誤解のないように願います。そうではなく、社会を構成する民族的基盤として、西ヨーロッパのほとんどをカバーしている要素は、一つはゲルマーネントゥーム(Germanentum) ――この訳語はむずかしいのですが、一応ゲルマン民族態としておきます――であり、もう一つは言うまでもなくロマーネントゥーム (Romanentum) であります。ロマーネントゥームは、民族態と言うよりも、むしろローマ世界帝国がつくり出した文化の特色といった意味であります。そしてそれにさらにキリスト教、すなわちクリステントゥーム (Christentum) を加えますと、そこに「ヨーロッパ」という歴史的形成体を創り出す三大要素がそろうのだと、私は考えます。

ヨーロッパ社会を考える際にゲルマン民族性を無視できないことは、ゲルマン系諸族の分布の広さを思えば明瞭です。そのことにつきましては、後で触れますが、キリスト教がゲルマン人の故郷ともいうべきデンマークやスカンジナヴィア半島へ布教されますのは、せいぜい八世紀のことであり、それも最初は貴族の間だけで、民衆の中へ入ってゆきますのは十二、三世紀だといってよいでしょう。その頃までは、ここにはキリスト教にかかわりのないゲルマンの古い伝統が生きていたのです。ヴァイキングの生活がそれを証明しているのは、皆さんご承知の通りです。そう考えますと、今のヨーロッパの民衆の生活やものの考え方の中にゲルマン的なものが根強く残っていることを見のがすわけにまいりません。

しかし、それが今まであまり重視されず、またその内容が必ずしもはっきりしないのはなぜかと言いますと、それは先ほど言ったことと関係するわけですが、古いゲルマン語の文字で書かれた史料がなく、史料のほとんどがラテン語であったということと深い関係がありま す。ところが一般の人は全然ラテン語なんか書くことも読むこともできません。しかも中世前期の歴史を調べるための史料は九割以上がラテン語なのです。これでは民衆の生活感情やものの考え方の本当のところはなかなかわからない。神聖ローマ帝国の皇帝でさえ、ラテン語が読み書きできたのはせいぜい数人であったと言われています。カール大帝がラテン語の文法を習ったということがやかましく伝えられているほど、それほど一般にはわからなかったのです。豊臣秀吉ではありませんが、自分の名前さえ書ければいいのだといった者が圧倒的に多かったのです。

しかしそうだからといって、それは決して野蛮な社会とは言えません。そこではラテン語を介して人民大衆にのぞむ特権的な階層があるけれども、民衆の日常生活や社会の秩序は一向に野蛮でも何でもない。そこでは地域のしきたりを俗語で伝える長老や賢者がおり、部族の由来を語り伝える物覚えの強い老人がおり、それからある象徴や儀式で結構、社会の秩序が保たれている。たとえば市場には平和のシンボルとして王様のマントか手袋をかかげるとか、あるいはローラントの像を建てるといったやり方で、ちゃんと法秩序が保たれたのです。村境域のシンボルなどにも、いろいろのものが残っています。それから叫び声、鐘の声、要するに言葉にならないものが社会の秩序を維持する上で大きな意味を持っていたのですが、書かれた言葉はないため、歴史研究では今まであまり重視されなかった。しかしこれはアルカイック・ソサエティというものの特色であることが注目され、それが民俗学や考古学と社会史研究とを結びつける一つの契機となったのであります。このように考えますと、ヨーロッパの中世初期の社会や文化は、高度な文字文明と、アルカイックな無文字社会との接触・融合の過程としてとらえられなくてはならぬこととなります。したがって、三浦博士の文明史論とは大分違ったものとなるわけです。

以上申し述べましたことを、このセミナーの導入部分といたしまして、私は私なりのヨーロッパ中世の社会史、と申しましても逐一、時代を追った概説的なお話はできませんので、大きく各時代の主要な問題点を考えてゆきたいと思います。

《質疑と応答》

問　ヨーロッパでは歴史研究で地名が重視されると聞きましたが、そうでしょうか。

増田　その通りです。非常に地名が重視されます。ヨーロッパの地名研究が起りだしたのはだいたい一九二〇年代からです。地名研究の雑誌さえ出ております。それが今日では先ほど申しました地域史研究との関連で盛んになって来ました。地名が歴史研究でどんなに大切かの事例は、いずれのちほどお話する予定にしています。

問　アナール学派では誰がどんな本を読んだかというようなことまで調べるという話ですが、それはどういう人についてでしょうか。民衆の読書もでしょうか。

増田　いや、民衆でなく、いま残っていますのは各地の司教や貴族の蔵書なのです。十六、七世紀からの貴族の蔵書がたくさん残っています。こういうものを調べてゆきますと、貴族が丹念に書いた帳簿、日記、そして家政学的な著述さえ見つかることがあります。貴族というのは自分の持っている所領の経営に関する記録ばかりでなく、一種の家訓とでも言いましょうか、自分の屋敷で雇っている家僕に対する配慮、それから医学の知識から家畜の飼育法、さらには肥料から水車小屋の運営にいたるまで、とにかくありとあらゆるものに対する勉強をしていることがわかる。そういう総合的知識を身につけ、子孫に伝えるのが、良き貴族たるものの資格なのです。例外もあるでしょうけれども、ほんとうに感心します。子供の教育をどうするかということや守るべき道徳まで記しています。そういうものを全体として、十六世紀頃にはエコノミア、つまり今でいう家政学に該当する知識と考えたのであります。エコノミアはオイコス、すなわち家ということで、経済学の源流は、このような貴族や大地主の総合的な家政の教養であったのです。それが市場原理に立つ資本主義社会になって、変ってしまった。貴族の蔵書などを調べると、こんなこともわかってくるのです。

問　文化を考えるときには、その文化の担い手というものが大切だと思うのです。今日の講義で、十二世紀以前にはラテン語は一部の特権階級のものだったと先生はおっしゃいましたが、ラテン語を用いる人こそが、文化の担い手であったのではないでしょうか。

増田　文化をそのように考えるのも一つの見方でしょうが、私は庶民文化とか、支配階級が乗っかっている下部社会の構造や民衆の意識というものをも考えてゆきたいのです。文化というものをそういう高度文明の文字文化の担い手だけでなく、それを成り立たせている社会全体を考えたいのです。たとえば最も基本的な庶民生活の場である村とか町というのは、高度文明の貴族や聖職者がつくっているのではないのです。そういうときにその団体はどういう意識で団結しているか、貴族とどういう関係を結んでいたかということ、それもやはり立派な文化だと思います。私はむしろ社会構造全体との関連で文化を知りたいと思うのです。

第二講　民族大移動期の世界史的意義
四―八世紀

賦役に従事する農民

歴史という学問は個別具体的な事項はきりがないので、かなり大胆な切り捨てをしなければならない。何を捨てるかは、自分が何を知りたいか、それを知ることによって何がわかったと言えるのかということを、絶えず心に持ちつづける姿勢によって決まる。その意味で、これからお話することも通説的な概論でないことを、始めにお断りしておきたいと思います。

1　東洋と西洋——宗教・民族・国家

この前はこのセミナーでの狙いを私の立場から概略お話したのですが、もう一度前回のまとめを申し上げますと、その一つはヨーロッパというものを距離をおいて見る。ヨーロッパのなかに入ってヨーロッパの学界での諸学説を紹介するのではなくて、非ヨーロッパ世界に住んでいるものが、それに対して距離をおいて見るということ。二番目は現在の国別ではなくて、その根底にある歴史的な一つの世界としてのヨーロッパ、そういうものの特色を見たい。それから三番目はヨーロッパを考える場合に西ヨーロッパに重点をおいて考えている。それはなぜかというと、東ヨーロッパ、すなわち中世についていえばビザンツ帝国のことですが、これはさしあたり問題にとりあげない。それは私がビザンツ史のことをよく知らないということにもよりますが、そればかりでなく、ビザンツ帝国や東ヨーロッパの地域は近代社会をつくり出す直接の原動力ないし基盤にはなっていないと考えるからであります。

私の同僚である渡辺金一君が岩波新書で『中世ローマ世界』というのを出しています。そしてこれにも「世界史を見直す」という副題がついておりまして、たいへん面白い、そして考えさせられる本であります。彼はビザンツ史の専門家ですから、従来の西ヨーロッパ中心にものを見る考え方に鋭く反発いたしまして、ビザンツ帝国の大きな歴史的意義を強調し、まさに世界史の通説に見直しを要求して、きわめて説得的な叙述を展開しています。ところで、それはそれとして結構なのですけれども、日本の社会を考えます場合、西ヨーロッパになぜ先進的な社会ができてくるのか、その基層をなしている社会構造というものはどういうものであったのか、というのが私の関心事であります。

それから四番目はこのごろはやりの社会史とちがって、私の社会史というのは政治史・法制史・経済史や、その他社会一般の相互関連において西ヨーロッパの社会構造をとらえたい、そういうものをさしあたって「社会史」と呼んでいるに過ぎないのだということであります。

最後に私は、三浦新七博士のヨーロッパ文明史論について比較的長く紹介したわけですが、その狙いは、ヨーロッパの社会や文化を考える際には、古代の高度文明だけを源流とみるのではなく、アルカイックな、文字史料の残っていない社会の在り方をもっともっと高く評価する必要があるというふうに考えるからであります。そういう目的からいたしますと、ヨーロッパ世界の形成期における二つの大きな世界として、私たちは地中海を内海として広大な世界帝国をつくったローマの高度文明社会と、ライン、ドーナウ両河の北方にひろがるゲルマン諸族の素朴な社会とを想定せざるを得ないのであります。そしてその合成体としての西ヨーロッパ世界を考えたい。そこで早速ですが、今日からはだいたいにおいて時代を追いつつ、このセミナーの本論に入ってゆきたいと思います。

まず今日は四世紀から八世紀にかけての時代、ここでどういう問題を感じとるかというお話をいたしましょう。

四世紀から八世紀、一般には「民族移動の時代」といわれますが、民族移動という場合、通俗的にはあのゲルマン民族の大移動のことを考えるわけであります。西洋史としてはそれで結構かもしれませんが、先ほどあげた渡辺君の書物にも記されておりますように、民族移動というときに、ゲルマン民族のことしか考えないのは、やはり不十分と言わなければなりません。なぜなら、それは世界史的な観点から、もっと大きく見る必要があるからです。この大きな範囲での民族移動をとりもっておりますのは、すでに皆さんご承知の通り、だいたいアジアからヨーロッパに及ぶユーラシア大陸の中央部にいた遊牧民、あるいは騎馬民族の動きでありまして、それが東と西の両方に影響を与え、大体四世紀から八世紀にかけて世界史的スケールでの諸民族の大移動がおこるのであります。しかしこれを全体としてどういう意味があるかということを扱った主張や特殊研究は二、三ありますが、それをほんとうに世界史的に総括したような決定的な業績は残念ながら寡聞にして私は知りません。

いずれにしましても一口に言って、この四世紀から八世紀という時代は、東洋・西洋両方にわたって民族の移動があった。その意味は私なりの表現で申せば、それ以前からあった世界帝国的な統一体が動揺し、それに代ってもろもろの民族が、世界帝国の高度な文明、ホッホ・クルトゥーアと非常に複雑な接触を行い、あるいはこれと抗争を行い、これを破壊し、ときにはそれと融合して、やがてそれぞれの地域で、それぞれ特色のあるものを創り出す努力が諸民族によって行われた注目すべき世界史的現象であったということです。そしてだいたい八世紀になりますと、そういう動きが一応収まりまして、八世紀末葉になると、二十世紀の今日に見られますような民族および宗教の世界史的な分布の基礎が、ほぼ出来あがる。それが今日お話する時代であります。

こういう大きなことを申しますのは、私の直接の関心は西ヨーロッパの歴史にあるのですが、実はそれと同時に、日本国家の成立という問題も、こういう古代的な世界帝国の周辺といいますか、とにかくその影響下に国家統一が成し遂げられたわけですから、世界史的スケールでの動きのなかで、日本国家の統一という問題も考察されるべきではないかと常々考えているからであります。

同じようなことは少し時代が遅れますけれども、北欧の三ヵ国も同じようにその国家統一への道がだんだんはっきりしてまいります。こうした動きは、洋の東西を問わず、世界帝国的な高度文明の影響を受けて、さまざまな形であらわれるのであります。朝鮮半島における新羅だとか高麗だとかの国家統一の歴史もこれと無関係ではあり得ません。

東洋でみますと、紀元前三世紀の終りになりまして、例の秦の始皇帝が出ます。昔の長安、今の西安ですが、あのへんを中心とした支配が出まして、ここで大きな統一国家が中国にでき、それに次いで漢の大帝国が出てくる。これはもう世界帝国の一つのモデルと言ってもよいと思いますが、その漢の大帝国が、いまわれわれが問題にします四世紀の初め頃から崩れはじめまして、五胡十六国と呼ばれる分裂の時代がくるわけです。その時代を経まして南北朝時代、それが五世紀から六世紀、そして六世紀の末になりまして、ここで初めて隋によって統一される。それが間もなく唐の統一に変りまして、唐の統一がずっと十世紀まで続くわけであります。

こういうことを申しますのは、これからお話するヨーロッパと比べて非常に違うということを言うための伏線でありまして、中国の場合には、秦・漢時代の統一国家というものが、五胡十六国だとか南北朝とかいうように、中はいろいろ分れますけれども、しかしいつでも枠組としての天下国家、あるいは世界帝国というものが復活してくるわけであります。王朝が変るだけである。そして統一の枠組が非常に強固にある中から育ってくる民族感情といいますか、政治理念または世界観が、まさに世界帝国の考え方であり、民衆との関連でいえば中華の思想であります。その中華思想を育む(はぐく)ような土台や体制は、秦・漢時代から唐・宋・元・明・清とその王朝は変っても、基本的には変らない。たとえば元のような、いわば異民族であっても、漢民族の漢字文明、漢字による高度文明の圧倒的な力は、その枠組とともに絶対に変らない。これはたいへんなことであります。それが周辺の諸民族に対していろいろな影響を与え、海を越えて日本にもその高度文明の影響が入ってくる。

2　ゲルマン民族移動の実態

中央アジアに発した民族移動の波が西にまいりますと、いわゆるフン族の西進をきっかけに起るゲルマン諸族の民族移動でありますが、それ以前に西方でまとまりのある巨大な世界帝国の枠組をつくっていたのは申すまでもなくローマ帝国です。

ローマ帝国の版図は地中海をまったく内海とするもので、ササン朝のペルシアから、西はジブラルタル海峡、南はアフリカ北部一帯、北はイングランドを含め、ラインとドーナウに区切られた非常に大きな地域であり、文字通りの多民族国家であります。そういう多民族国家を支配するために、壮大な首都をもって威厳を誇示し、ちょうど漢字に当る言葉としてラテン語、――初め東方はギリシア語でしたが、ラテン語が普及し、あとでまたギリシア語が復活しますけれども、――とにかくラテン語を公用語として、画一的な法律でそれを治める。こういう帝国ができていたのでした。

ところが四世紀の後半になりまして、東方からフン族が西進して来ます。このフンと匈奴(きょうど)とは同じかちがうかということにつきましていろいろ議論があるのですが、私はヨーロッパに顔を出したフン族というのは、東洋史でいう匈奴とは内容が変っていると思います。しかしそういう細かい話は抜きにしまして、とにかく三七五年という年をもって東から来たフン族がゲルマン人と接触する。それは、今のクリミア半島を含む黒海北岸地域の一帯におりましたゴート族が、東と西の二つに分れ、東ゴート族がまず接触いたしまして、それに耐えかねてローマ帝国領に移動するということになって、いわゆる西ヨーロッパ史、あるいはヨーロッパ史にいう民族大移動が起る。これをきっかけにいたしまして、その後相次いでローマ帝国のなかへ、北のほうにいたゲルマンをはじめとする諸民族が入ってくることとなるのであります。

ちょうどその頃から少し以前にローマ帝国は、統治のやり方としまして東と西に分れていました。東のローマ帝国、つまりビザンツ帝国のほうへ入って行くのがスラヴ系の諸部族なのですが、ゲルマン系の諸部族はどうしたことか、ビザンツに一部入りますけれども、大部分はそれをかすめたような格好で、西ローマ帝国のほうに入ってくる。この経過については、いろいろの民族がおりますから、そのいちいちについては申しませんが、南スラヴ族、それからアヴァール族。アヴァール族というのはフン・トルコ系のステップ民族というふうに言われます。それからオリエント系のブルガリア族。

その後、七世紀以降になりますと、今度はビザンツ帝国へアラブ人、すなわち回教徒が入ってまいります。これもいろいろな民族がおりますけれども、総括してアラブ系の民族。アラブ系の諸民族はイスラム教の布教を旗印にして、破竹の勢いで今の東地中海からエジプトを制し、ついでアフリカの北岸を制圧して、八世紀初めになるとスペインにまで攻め入ってきたことはご承知の通りであります。それに今日のハンガリー地方を中心に入ったマジャール族、その他いちいち申しませんが数多くのスラヴ系の諸族が相次いで南下してまいりました。

他方西ローマのほうには、これから詳しくお話するゲルマン系の諸部族が入ります。またゲルマンの本格的な移動からやや遅れてではありますけれども、第二のゲルマン民族移動といわれるノルマン人の一部がスウェーデンのほうから入りまして、ルスの国つまりロシアをほんのわずかな人数で制して定住します。そして他のノルマン人たちは、アイスランドに移住したり、ヨーロッパ各地を侵すこととなるのです。このような、あわただしい動きが広義のヨーロッパの東と西に起るわけであります。

そこでこういう運動が起りました結果、先ほどちょっと申しましたように、だいたい八世紀になると、今日もそのまま見られる文化圏の分布ができあがるのです。すなわち宗教を見ればいちばんよくわかるのですが、宗教としては、地中海の東にひろがる広大なアラビア半島およびペルシアからずっとエジプトを通り、リビア、カルタゴを通ってジブラルタルを越え、スペインに至る途方もなく大きな一帯の地域がイスラム教の世界というふうになっている。そしてそれに取り囲まれるような形でキリスト教の世界ができる。民族分布もだいたいその頃に先ほど申した諸民族が移動・定住する。そしてキリスト教的世界が、これも複雑な過程を経てではありますけれども、ごく大ざっぱに申せば、ギリシア正教の世界をとる東と、ローマン・カトリック、すなわちローマ公教をとる西に分けられて、そのローマ公教の世界が私どものいう西ヨーロッパに該当するということになるのです。

こういうふうに考えますと、これはあとの話でまた出てくるかもしれませんが、先ほど中国古代の世界帝国の枠組について話しました際、中国では、その枠組の中が一時期分裂しても、やがてそれが復活する動きが見られると申したのですが、西ヨーロッパはちがった道を歩むのです。ヨーロッパの場合をみますと、ローマ帝国という世界帝国の枠組や理念は中国の場合と同じように強く、文明世界というのは一つであるという考え方、それは中華思想と同じで、ローマ人はすべての道はローマに通ずとか、ローマの平和――パックス・ローマーナ――という形で、独自の世界帝国理念を育てていました。この考え方を受け継いでいるのが、ギリシア正教であれ、ローマ公教であれ、とにかくキリスト教会の考え方であり、だからこそ民族の相違にもかかわらず、一つの普遍的な宗教世界を形成したのであります。

ところが面白いことに、東のビザンツ帝国が多民族国家であり、ローマ帝国の伝統を忠実に受け継いで、いわゆる皇帝教皇主義という形でコンスタンチノープルを中心にした政教合致の政治体制を保持したのに反し、西ヨーロッパではそれとはちがった道をとって、中世に入るのであります。すなわち四七六年に西ローマ帝国が滅びますと、そのあと、ローマ帝国の統一というものはどういう形で受け継がれてゆくかといいますと、一つは政治理念として尾をひいて残るのですが、現実は全然壊れた形になってしまうのです。ただし、別の次元でそれを受け継いでいるのが司教座を中心にできてくるカトリックの教区制度であります。とくに初期の教区の制度はほとんどローマの行政制度を単位に築かれたのであります。

これに反し、政治形態はゲルマン諸部族による小国家群の分立状態に変貌する。ただ一時、六世紀の初め東ローマの皇帝のユスチニアーヌスが、ローマ帝国統一の理想を復活させようと考え、イタリアの東ゴート王国に攻め入り、カルタゴのヴァンダル王国を攻めまして、これらをローマ帝国の領土にし、さらにスペインの一部も攻略するのですが、その企ては間もなく壊れてしまいます。ですから、ローマの理念を制度的に受け継いだのは、西においてはカトリックの教区制であると言ってもよいのではないかという気がいたします。

宗教的な統一の理念があり、他方で政治的な分立がある。そう考えますと、ビザンツや東洋では世界帝国の理念と現実がとにかく何かの格好で、政治の面でも生きているのと、大きなちがいがあることが読みとれます。

このようにして、西ヨーロッパにおいてのみ、二度と世界帝国が今日に至るまで実現しない。それはいったいどういうことかと言いますと、西ヨーロッパでは世界帝国をつくらない代りに、長い間かかってネーション・ステート、すなわちローマのような「人民」(populus)でなく、「国民」(nation)というものを基礎におく国家群を創り出した。そしてバランス・オブ・パワー、勢力均衡の上に立った近世に見られるヨーロッパ列強のあのユニークな諸国家システムができるわけであります。

ただし、ローマの理念はある時代までいろいろの形で残っていたことも忘れてはなりません。それを最もよく表す事例は神聖ローマ帝国という体制です。この名称はたいへん立派ですが、帝国の実体はローマ帝国などと比較にならぬ脆弱(ぜいじゃく)なものでした。神聖ローマ帝国の皇帝であるドイツの国王は第一、首府というものを持っておりませんでした。それから全体に指揮権の及ぶ軍隊も持っていない。同じように帝国統治の官僚も持っておりません。絶えず国内を回り歩いていた封建貴族の第一人者に過ぎなかったのです。それは貴族や大土地所有者が自分の所領を見て回るのとある意味では同じことなのです。つまり全帝国に作用をもつ軍隊と官僚を持たないで、帝国などというものの実体があり得ようはずがないので、これは端的に言うならば、一種のフィクションであり、皇帝というのはタイトルなのであります。しかし理念としてはそれは何かの形で影響を及ぼし、また生きかえる可能性を持っているわけです。通俗的に言いますならば、ほかの諸王国の国王より一段と高い地位であるような幻想が、理念として神聖ローマ帝国という言葉の中には含まれているというだけのことなのです。

そういうふうに考えてゆきますと、民族移動の大きな世界史的な変化のなかで、東洋の場合には世界帝国の枠組がずっと中国史をつらぬいて維持されている、そしてまたビザンツでは、ローマ帝国の伝統が同じような形でかなり忠実に受け継がれている。ところがそのいずれにも反し、西ヨーロッパだけが諸民族、諸部族の分立状態になって、諸国民国家の在り方が今日までつづいている。このことを結論的な言葉で申しますと、西ヨーロッパにおいては、中世一千年の歴史を経て、彼らは世界帝国を否定したのだ、つまり世界帝国に二度とならないという国民国家形成への道を歩み続けたのだということができます。ここのところが、中国の歴史と西ヨーロッパとの大きな差のあるところだと考えます。

3　部族国家の在り方

どうして世界帝国の否定という変化が行われたかということを知るためには、やはり最初に申した、ゲルマン人の団体意識というものを考える必要があるのではないかと考えます。こんなわけで、ここで私はゲルマン人の社会並びにゲルマン民族移動ということのごくあらましについて述べておきたいと思います。

さて、西ヨーロッパの歴史をその民族的な基層文化という面から考えますと、どうしても見のがすことのできない民族として非常に古くから広く分布しておりましたケルト族を挙げなければなりません。しかしケルト族のことはほとんど勉強しておりませんので、特に芸術の様式などにそれが重要な意義をもっていることは存じておりますが、ここでケルト族についてお話をする資格はありません。それから東南ヨーロッパに強い影響を及ぼしたスラヴ諸族のことも当然考えなければならないのですが、そういう時間もありませんので、代表的に西ヨーロッパに最も大きな影響を及ぼしたと思われるゲルマン民族につき、それがどういう社会構造を持っていたかにつき、お話をいたしたいと思います。

私は今までゲルマン社会についていろいろ勉強して来ましたが、それはヨーロッパ史のいわば前史として調べたのであって、現在私が興味を抱いているゲルマーネントゥーム、すなわちゲルマン民族性ないし民族態を知りたいというのとは、多少その視角がちがっていたのです。それをわかっていただくため、ちょっと余談めいたことを申しますと、日本史を考えるときにも同じことが考えられます。

日本の場合、中国の世界帝国の中で国を建てたのではもちろんない。大陸からの影響を受けて、日本の国家統一ができ、諸制度や思想が出そろったわけで、儒教にしても、仏教にしても、道教にしても、漢字にしても、中国高度文明の影響を抜きにしては考えられません。しかし日本のどの階層の人たちがその高度文明を受け入れ、それをどう活用したのかという問題がありますと同時に、それ以前からあった日本社会ないし日本的心性の原型についての考察が大切です。仮りにこれをゲルマーネントゥームにまねて「ヤーパントゥーム」(Japantum)とでも名づけますと、これからの日本社会史の研究には、もっとこのヤーパントゥームの内容を具体的に洗い出す必要がある。なぜなら、私たちの日常的な生活感性や心の奥底には、大陸の高度文明だけでは説明しきれない何かがたくさんいまだに生きているからです。たとえば浄めとか禊(みそぎ)、あるいは死者に対する考え方や歴史というものに対する考え方等々には中国とはちがったものが根強くはたらいているように思われてなりません。

話がだいぶ横道にそれましたが、とにかくヨーロッパ社会の基底にはゲルマーネントゥームとでも呼ぶべき何かがあって、それが地中海世界の古代的高度文明を受け入れて、それを利用しそれと接触しながら、中世一千年の歴史のなかで、二度と世界帝国をつくらず、部族国家、封建国家の段階を経ながら、遂には国民国家というものをつくった。これがヨーロッパの一つの特色ですが、しかし西ヨーロッパの一部には、必ずしも国民国家のスケールにはならないで、かなり古いゲルマン的な性格を、次元をかえて保持している小国がいま現に存在することも、無視できません。

たとえばスイスのカントン（Kanton）における行政、直接民主主義によるランズゲマインデ（Landsgemeinde）の運営がそれで、広場に集ってそのカントンの政治を男子が武装して議論する。ああいう在り方を一括して小国の理念という名で研究している学者もあり、そこに含まれている狙いには、まことに興味深いものがあります。それは、私たちが自明のように考えているこの「国家」とはいったい何か、というきわめて基本的な問題に対する反省を求めているからであります。同じような問題は、アイスランドの国制などにも認められますが、もっと掘り下げて行きますと、ヨーロッパ全体の中世を通じての村落とか都市というものの団体意識の中に、高度文明社会では見られないゲルマン的な特色があることを指摘することができます。

こんな次第ですからアルカイックなゲルマン社会というものは、それ自体「小国」の論理をもっていましたところへ、高度文明の影響を受けて「帝国」の理念を知り、この両者の押し合いの関係が、一千余年の複雑な経過の末に結局二度と世界帝国とはなり得ない国民国家というものをつくりあげたのだ、したがってそこにはいろいろな形で地域差があり、国家に対する考え方も多種多様である。こういうふうに見られるのではないかと思います。

そこで話をもとへ戻しまして、高度なローマ文明の影響を受ける以前のゲルマン民族の社会とは、いったいどういうものであったのかを考えることにいたしましょう。ゲルマン民族のことを調べますときには、その史料は度々申しました通り、話し言葉の世界でありますから、残っているのはギリシア人やローマ人の書いた記録であり、他は考古学的研究を援用するよりほかありません。記述史料が比較的まとまった形であらわれるのが、紀元前後の一世紀の頃でありますが、その中でも特に素晴しい史料として高い評価を受けておりますのが、コルネリウス・タキトゥスという人が、紀元後一世紀末に書きました『ゲルマーニア』という本であります。これは泉井久之助さんの名訳で、岩波文庫に収められております。このほか、紀元前一世紀の中葉に書かれた有名なジュリアス・シーザーの『ガリア戦記』がありますが、その他はすべて細かい断片史料であります。したがってゲルマン社会の全貌を推測する史料としては、タキトゥスの記述が断然すぐれていると思います。

ところが困ったことにその頃からぷつっと史料がとぎれまして、いわゆる民族移動がはじまります四世紀の後半になり、ようやく各部族のまとまった史料が出てくる。たとえばゴート族の歴史とか、フランク族の歴史というようなものがそれであります。このように紀元前後の一世紀から四世紀末までの間の三百年ほどというものは、史料的にほとんどブランクでありますため、この間に何が起り、ゲルマン諸族の社会がどう変ったかという、まことに厄介な問題があるのです。そこで各専門家は考古学とか言語学とか、いろいろな補助学を援用しながらこの経過を復元しようと努めているのですが、そういう細かい話はここでは抜きにして、タキトゥスの『ゲルマーニア』を中心に、同じ時代、この紀元前後一世紀のゲルマン社会というものがどういうものであったかということの概略を申したいと思います。この紀元前後一世紀の頃のゲルマン諸族の分布は、言うまでもなくライン川の東、ドーナウ川の北の大陸部からスカンジナヴィア半島に至るまでの地域にひろがっていました。その地域に、政治単位としましては、だいたい名前がわかっているのだけで五十、わからないのを入れますと五十プラス・アルファの小さい政治団体があったと考えられます。この単位のことをタキトゥスは、ラテン語で「キヴィタス」（civitas）と呼んでいます。キヴィタスというのは都市を指すこともあり、国を意味することもあります。このほか「キヴィタス」という語はいろいろな意味を含んでおりまして、中世の前期十一世紀頃までは、都市の中で司教座をもつものを特に「キヴィタス」と呼び、そうでない他の都市は「ウルプス」とか「ヴィクス」などといい、一種の町の格づけのように用いられました。

しかしこの場合はゲルマン人の政治単位のことを「キヴィタス」と呼んでいるのです。その当時のゲルマン人の言葉でそれを何といったかはわからないのですが、ドイツの学界では、それに当る言葉として、「フェルカーシャフト」（Völkerschaft）という現代ドイツ語を使っています。日本語でこれに該当する言葉が見つかりませんので、やむなく国または国家という表現を使うことにいたします。

そのキヴィタスの中が、ラテン語で「パーグス」（pagus）と呼ばれるいくつかの小単位に分れていました。パーグスの基本的な性格は、おそらく裁判を行う単位であったろうと私は考えています。このパーグスに当るドイツ語が「ガウ」（Gau）でして、その名残りがたとえばあの大学のある町で名高いフライブルク・イム・ブライスガウ、あるいはラインガウ、ウォルムスガウ等のように、今日もなお各地の地域名として残っております。なお「パーグス」というラテン語自体は、おそらくケルト語に発したものと思われます。

それはとにかく、パーグスは多くの場合、さらにいくつかの「フンデルトシャフト」(Hundertschaft, hundred) という軍事単位に分れています。これはその名の通り数字の百で、百人の兵士を出す単位という意味ですが、必ずしも百人という数にこだわらず、だいたい百人前後の男子が集められるような単位のことと解してよいと思います。ですから一家で成年男子が二人とか三人とかあるとしますと、それも含めて武装能力がある男子が百人前後いる仲間、そういう団体のことを「フンデルトシャフト」と呼ぶのです。

こういいますと、キヴィタス－パーグス－フンデルトシャフトが、上下の単位のように思われるかも知れませんが、実際は必ずしもそうではない事例もあるのです。なぜなら、多くの場合、一つのキヴィタスは二つ以上のパーグスに分れていますが、ローマの国境地帯のキヴィタスになりますと、ローマの政治工作の影響もあって、極端に小さいキヴィタス、すなわち一つのパーグスの地域と合致するような例さえあるからです。同様に、パーグスが必ずしもいくつかのフンデルトシャフトに分れるのでなく、一つのフンデルトシャフトと合致するケースもあり得たのです。それに加えて、フンデルトシャフトは兵士の単位でありますから、地域を指すよりも、人のまとまりを指しているという気持のほうが強かったわけです。

ところで、次に問題なのは、そのキヴィタスの政治形態であります。これについては論争があり、種々の学説が唱えられましたが、その形態には二つのタイプがあったと言えましょう。ただし、それは厳重に二つには分けられない面があるのですが、とにかく類型としては二つ、すなわち、その一つは一人の王（rex）をもっているキヴィタス、もう一つは幾人かのパーグスの首長（princeps）がいるだけで、王のいないキヴィタス、がそれです。たとえばパーグスが三つあって一つのキヴィタスができておりますと、それぞれのパーグスに一人ずつ首長がいる。そういう区別が一応はっきりしているのです。ですから私は、さしあたり前者を王制国家、後者を首長制国家と呼んでいるのですが、面白いことにゲルマニア全域のだいたい東のほうほど王制の国家が多く、西ないし南に寄ったところほど何人かの首長の共同統治という形をとっているキヴィタスが多いのです。

首長の共同統治という妙な言い方をしましたが、それは平時においては、首長たるものは自分のパーグスの平和と秩序を維持し、治安を守ればいい。しかし、いったん戦争になりますと、その首長たちのなかから真に実力のあるものが統帥、すなわちラテン語で引っ張り出すとか導くという意味をもつドゥックス（dux）となるのです。ドイツ語で言えばヒットラーが好んで使ったフューラー（Führer）であり、イタリア語のドゥーチェ（duce）も同じであります。こうしてひとたび統帥を選ぶと、その命令にはほかの首長たちは絶対に従わなければならない。戦争のときには、こういう非常体制の仕組をとるわけです。そして戦争が終ると、また首長はそれぞれ自分のところを治めるという平時の体制に戻るのです。ところがここで面白いのは、平時にあっては、キヴィタスというものが王であれ首長であれ、支配者の意思によって動くものではない。つまり王といえども絶対の権威を持っていないのです。タキトゥスは、おそらくローマの皇帝と比較してでしょうが、この点を特に強調しています。

それでは国家の大事を議する場はどこかといいますと、私どもは「民会」と訳しておりますが、ラテン語で「コンシリウム」、ゲルマン系の言葉で「ディング」(Ding) と呼ばれる会議であります。英語の「シング」(thing) という字もこれに関連があるのです。このような民会が行われた場所は聖なる場所として、今でも各地に残っております。民会は武装能力のある貴族と自由民男子の全員によって構成される。一定の日にその聖なる場所に集ってキヴィタスの大事を議するわけですが、そこで決ったことには、いわば国家の意思決定ですから絶対に従わなければならない。

またこの社会の身分関係は、貴族と自由民が国家構成のメンバーであり、あとは半自由民と奴隷から成っています。半自由民というのは被征服民か解放された奴隷であり、奴隷はいろいろな原因でその身分となったようです。たとえばゲルマン人は賭けごとが好きですから、自分の体を張って、奴隷になってもいいからと言って賭けをするなどという話をタキトゥスは書いています。身分階層はこのようにちゃんとできているのですが、そうした社会秩序の根底にある通念を結論的に申しますと、ゲルマン社会では、血統や家柄を重視する貴族支配の考えが片方にあり、他方では民会というきわめて民主主義的な合議制の考えがあり、この一見相矛盾するようにみえる二つの原理が、実は矛盾なく並存していたとでも言うべきでしょう。ですからローマのように、皇帝の言葉は法律であるとか、一方的な絶対的支配あるいは独裁という法意識は全然存しないのであります。また奴隷についても、タキトゥスはローマの奴隷の場合とその在り方がまるでちがうということをしばしば記している。

それからもう一つ申し上げたいことは、王はもちろんですが、首長であれ、豪族であれ、とにかく血統、血筋のいい者は、自分に従う逞しい従士を抱えていることを誇りとしている点です。しかもその従士は、身分は自由民のままであって、決して隷属者ではない。だから貴族や自由民の子弟が多いというわけです。つまりローマの場合のように身分を落して誰かに身を託した隷属民ではないのです。ニーベルンゲンの物語でもわかりますように、身分の高いものも従士として、より強い貴族のところへ武者修行に出かけて行くという例はいくらでもある。

以上述べましたような社会でありますから、キヴィタスというものは、私どもが通常考えますような領域的な考え方は非常に薄い。むしろ民会における決議が国家意思だと彼らは考えるのですから、人的結合体という考え方の方が強いのです。だからみんなで移動しようということをそこで決議すれば、国家そのものが動くというふうに考えているわけで、いつでも民族移動ができるのです。そしてまた、指導者たるものの地位は、条文化された法典や整った役人制によってではなく、血統への尊敬、忠誠にもとづく主従関係という人と人との結びつきによって支えられているのですが、タキトゥスはこの事情を次のように言っております。

いったん戦場に出ては、勇気において従者に引けをとるのは、王や首長、または主君たるものの恥辱であり、首長の勇気に及ばないのは、従者たる者の恥辱である。そしてまた、首長の戦死をさし措いて、自ら生を全うして戦列を退いたとすれば、これは生涯の恥辱であり、不面目である。一族の不名誉になる。首長を守り、首長をかばい、自らの勇敢さによる戦功をさえ首長の名誉に帰するということが、その第一の誓いである。そしてまこと首長たるものは、勝利のために戦い、従者たるものは首長のために戦う、と。これがゲルマン的主従制度のエッセンスだというふうに言うわけです。

それからまた今度は奴隷のことを述べる際にタキトゥスは、ローマとの比較という意味で、かなり文明批判の気持をこめて次のように言っております。

ゲルマン社会にあっては、子供を育てるのに、その母はすべて自分の乳房でわが子を育て、決して召使や乳母に子供を任せることはない。主人と奴隷とがおのずから見分けられるような、育て方の上での柔弱さは少しも見られない。主人の子供だといって柔弱な育て方はしない。奴隷の子供も貴族の子供も、はたから見ていると見分けがつかない、と。これは言うまでもなくローマ貴族社会とのちがいを鋭く衝いているわけです。

そのほか、タキトゥスはまた、ローマの結婚とちがって、女に媚を売るために贈り物をするなどということは絶対ゲルマン社会では見られない、というようなことも書いております。また奴隷の在り方についてタキトゥスは、奴隷を鞭打ち、鎖につなぎ、課役の罪を与えるなどということはきわめて稀である。奴隷も所帯を持っている、と述べ、ローマの奴隷とのちがいを強調しています。

こうした事例をいちいち挙げることはもうやめますが、要するに、ゲルマン社会というのは、先にも申しましたように、血統重視の貴族主義と民会重視の民主主義とがなんら矛盾しないアルカイックな社会である。そして国家最高の意思は民会の場において武装能力のある男子の合議の上で決る。しかも国家は領土としてではなく、むしろ人的結合体に重点をおいて考えられている。したがって国が移動することも、彼らにとっては決して不自然なことではないのです。これはもう明らかにローマの世界帝国観とは根本的にちがうというべきでしょう。

そういう素朴な社会においては、主君ないし指導者たるものはみずから先頭に立って勇敢であり、平時においては人徳がなければなりません。その限りにおいて、従士たるものは主君のために戦うという忠誠心がうまれるのです。

それと同時にまた、未だにヨーロッパの貴族の間に残っている面白い伝統があります。それは王を持っているキヴィタスと首長制のそれとの、つまり王族と首長族との関係は、いわば王と小王との関係と考えられ、その血統の高貴さのゆえに、かなり広い範囲にわたって通婚が行われているということです。これは四世紀頃の史料にたくさん出てまいります。王族・首長族・高級貴族相互の間には、部族を越えた同格結婚または通婚が盛んに行われ、やがて民族を越えての王族間の通婚がなされるようになります。この考え方は今でもヨーロッパ諸国の王室や貴族の間に残っていることは、皆さんご承知の通りであります。つまり民衆とかかわりのない貴族社会というものの通婚関係の網がずうっと伝統的に張られているのです。

これと関連して思い出されるのは、例のオットー大帝のことです。オットー大帝は、ザクセン公ハインリッヒ一世の子でありますが、その母親は北ドイツの一介の伯ディートリッヒの娘マチルデでした。ところが九五一年イタリアを制圧したオットーは、ランゴバルド王位を兼ねて国家統一を達成しますと、こんどはランゴバルド王妃アーデルハイドと結婚している。そして自分の子オットー二世の妃には、是が非でもビザンツ帝国と同格になろうと、その皇女テオファーノを迎えることに苦心したのであります。たったこの短い間に、支配的権威のひろがりが、少なくとも理念史的に部族から民族国家を経て世界帝国の格式にまで高められた具体例を見ることができます。こうした政略的な国際的通婚が、部族や民族を越えた王侯貴族の世界のことであったのは、言うまでもありません。

以上が大体紀元前後一世紀のゲルマン社会のあらましですが、これが四世紀になりますと、名のわかるものだけでも五十もあったキヴィタスがすっかりその姿を変えてしまって、この三百年ほどの間に部族――「シュタム」(Stamm)といいますが――という、より大きな別の集団になっていることがわかります。だから民族移動を行う主体といいますか、とにかくその単位はもはやキヴィタスではなくてシュタムなのですが、部族というのはどうしてできたかが問題になります。これには不明な点が多く、中には、強いキヴィタスが中心となっていくつかのキヴィタスを合併したのもあれば、弱小キヴィタスが数個で連合したと思われるものもあって、実にまちまちです。また移動の間には、もちろん戦争もしなければなりません。したがって、移動の間にだんだん武勲を立てた特定の王の家柄が強力な王族となり、征服・被征服、あるいは主従の関係といったいろいろな現象が起り、また、ときには言葉や風習が似ているための同族感情が、他の異なった部族に対抗して連合体をつくるということもあって、結局古いキヴィタスの消滅、新しいシュタムの形成を見たのであります。

こうしたシュタム形成の動きとその移動は、先駆的にはすでに紀元後一五〇年ごろから、特定の部族につき考古学的にわかるのですが、なぜそういう移動が始まったかということの真の原因については、学界でも諸説が対立していて、よくわからない。たとえば気候が急変して寒くなったからだとか、あるいは政治的な争いが連鎖反応的に波及したからだとか、あるいは人口増加による耕地面積の減少だとか、またもっとロマンティッシュに、南欧へのあこがれだとかいろいろな説がありますけれども、どれが定説だとは断じ得ないのが現状です。

さて、移動と言いますと、一般には絶えず動いていることのようですが、ゲルマン人の場合は決してそうではないのでありまして、先ほども申しましたように、ある地域から他の地域に移りますと、そこにかなり長い間、ときには一世紀以上も住んでいる。先ほど申しましたフン族と接触したゴート族などは、百年以上もあの黒海の北のところ、現在のウクライナあたりに住んでいたのです。そういう次第ですから、ゲルマン人は決していわゆる遊牧民ではないのです。タキトゥス自身、すでに「車と馬とに生きる」遊牧的なサルマティア族と比べて、この点を指摘しているほどです。したがってその生活の基礎は農業と牧畜であったのです。

こういうゲルマン人を大きく分けまして、民族大移動以前に住んでいた地域により、東ゲルマン諸族、西ゲルマン諸族、北ゲルマン諸族の三つとするのが、一応学界で認められている区分であります。東ゲルマン諸族というのは、後の部族の名前で言いますと、東ゴート、西ゴート、それからヴァンダル、ブルグンド、ランゴバルドなどであります。西ゲルマン諸族は、「アラマン」とか「アレマン」とか言いまして、後に「シュワーベン」と言われる部族、それからザクセン、フランク、バイエルン、フリースラントのフリース、それからチューリンガーというような部族から成っています。また北ゲルマン部族は、これは時代がやや遅れて移動する北欧の三部族、すなわちデーン、ノールウェー、スウェーデンの三つの部族であります。まだこのほかに一時期に存在して、やがていずれかの部族に吸収されてしまういくつかの群小部族がおりますが、その細かい話は、ここでは省略することにいたします。

こう申しますとすでにおわかりのように、東ゲルマン諸族というのは、これは全部ローマ帝国領のなかに入り込んで国を建てた部族であります。すなわち東ゴート族はイタリア、西ゴート族はスペイン、ヴァンダル族はアフリカのカルタゴを中心に、ブルグンド族は南フランスに、そしてランゴバルド族は東ゴート王国が滅んだあとのイタリア北半部に、という具合に国を建てました。このようにローマ帝国領内深く入って行った部族は、実は先ほどから申しているゲルマン的特性といいますか、タキトゥスの言葉でいえばその「本性」を非常に早く失うのです。いや、かなぐり捨ててしまうのではないのですけれども、失う度合が早くかつ強くて、ゲルマン的特性の発揮が弱い、わずかに遺制が残っているという程度になってしまう。

ところが西ゲルマン諸族の場合は、これとちがった特色をしめします。まずフランク族は、のちにフランス、ドイツ、イタリアの基礎となるフランク王国を建てる。それからドイツの北半分を占めるザクセン族、また北海沿岸に定住するフリース族、さらにアラマン族がいますが、これは西南ドイツから現在のスイスにまたがって定住した部族で、いまに至るまでこの地域には古いアラマンの伝統が強く残っています。それからバイエルン族とチューリンガー族。これらの西ゲルマン諸族というのは、急速にローマ領内深くには入り込まないで、その周辺またはやや離れたところに国をつくり、ローマの影響を受けながら、非常に長い間かかってじりじりと旧ローマ帝国の一部に入り込むか、さもなければ帝国領の近傍にあって、いわば間接的にその影響を受けているといった部族が多いのであります。

私はこの東西両ゲルマンの移動の様相の相違は非常に大きな意味を持つと思うわけで、東ゲルマン諸族の場合には、先ほど東洋史について申しました漢帝国のなかに入ってしまうと異民族でもその特色がなくなってしまうというのと、何か類似した現象があるように思います。ところが世界帝国的なものから離れている周辺の国々、たとえば日本のように大陸からかなり離れているところでは、自分の持っている本性に適合する形で、あるいは自分の力量に応じて外のものを受け入れる。そういう、なんと言いますか、自己形成の力と文化摂取の力とのハーモニーと言いますか、あるいは押し合いの関係が長い間かかって育てられてくる。この点が大切なのです。ところが真只中へ飛び込んで行きますと、自分の本性を失ってしまう事例が多いというふうに考えられます。

それからもう一つ申し上げたいのは、東ゲルマン諸族についてです。つまりローマ帝国領のなかに飛び込んでいった部族というものが、はたしてどんな入り方をしたのだろうかという問題です。ゲルマン民族移動といいますと、高校の教科書などでは、移動経路の地図などを示し、ゲルマン人があたかも破竹の勢いで侵入し、前に住んでいた人間を追っ払ってしまったように解されていますけれども、実は決してそういうものではない。人口比率で申しますと、ローマ帝国内に住んでいる人口に対して、侵入ゲルマン人の占めていたパーセンテージは、わずか三、四%に過ぎなかった。ゲルマン人は、主としてローマを中心にした地域のイタリア人とかケルト系の民族とか、あるいはガロ・ローマンといいますガリアにいたローマ属州人など、そういう人たちの住んでいるところへ入って行ったのです。またローマ帝国の中で、どういうところに住んだかということを調べてみますと、そのほとんどが旧ローマの比較的大きな都市の周辺に密集していたことがわかります。たとえばランゴバルド族でいえば、やがてランゴバルド王国の首都となりますパヴィア周辺、西ゴート族だとトレド、ヴァンダル族だとカルタゴというふうに、いずれも都市の近傍に多く住みつき、田舎には予想外に少なかったのです。ですからよく地図で色分けして示しますが、そこがすべてゲルマン人の居住地域であったのではない。そのほとんどの地域が、数の上で圧倒的に多いローマ属州民のところへ支配者として入って行く。しかし全領域に平均した格好で司法や行政ができるかというと、第一、ラテン語が読み書きできないのですから、どうしても属州民の力を借りなければならない。

このように見てまいりますと、民族移動の実態というものは妙なもので、決して戦争によって征服地域の社会や文化を破壊してしまったという性質のものでなかったことが想像されます。ただ異民族が入ってまいりますと、一時的に社会不安を起こし、怖いから町を逃げ出すものも続出しました。他方、大地主でもあるローマの貴族たちは、田舎の所領を守るため、プライベートな私兵を持ってヴィラを構えていましたから、そういうところへ一般の属州民が保護を求めて逃げ込むという現象が見られました。いずれにしましても、大規模な殺戮がそんなに行われているわけではないのです。

しかもこれはすべての部族についてわかっていることではありませんけれども、二、三の侵入部族について、ローマ側の史料でわかりますことは、ゲルマン人がローマに入ってきて土地を分配してもらうときには、一定の基準にのっとってこれをおこなったということです。決して無茶な侵略をやったのではない。その基準となっているのは、ローマ帝国が衰えてきた三世紀の末から四世紀にかけて、軍隊の駐屯制度というものができていまして、それに拠っているのです。それはどういうことかというと、軍隊が移動するときには、どこかへ宿泊しなければならない。その宿泊の負担という意味で、大地主や中地主に一定の現物提供義務を課しているわけです。それをローマの制度で「テルチア」(tertia) といいます。三分の一ということですね。つまり自分の土地の三分の一、自分の屋敷の三分の一とか、いろいろ細かい規定があって、その通り正確におこなわれたかどうかはわかりませんけれども、とにかく軍隊の移動・駐屯、とりわけ国境警備で駐屯するような場合には、その地域の大・中の地主が実際に現物でこの義務を課せられた。そしてこれがやがて税となり、軍隊が駐屯しない地域の地主に対しても、収穫の三分の一を納めさせるということになっていました。

そういう伝統があったものですから、それに依拠して、帝国領に入ってきたゲルマン人に対しては、耕地の三分の一または三分の二、これは場所によってちがいますが、それからその地主が持っていた農奴、そういうものの三分の一を分ける。それからさらに地主の宅地とか果樹園の二分の一、あるいは森や林の二分の一、などといった具合に、それを占有する権利を、ちゃんと証書にしてゲルマンの族民に渡している。もちろん族民のそれぞれの地位に応じてであります。その場合非常に面白いエピソードは、日本流に言えば、それはちょうど明治の地券のようなものですが、それをあるゲルマン人のインテリが他の者に売りまして、自分はそのお金でコンスタンチノープルに行って、ギリシア語の勉強をしているなどという、そんな若い兵士も出てきている。兵士と言ってもこの場合は貴族の子弟ですけれども。

ただ例外はアフリカに行きましたヴァンダル族、これはかなり略奪的であったことは例のアウグスティヌスの史料その他ではっきりとわかります。「ヴァンダル」という言葉が、「文化破壊者」と同義語のように使われていますのも、その証拠であります。こうした例外を除けば、要するにローマ側に前からあった軍隊に対する大・中地主の扶養義務が、ゲルマン人に対する義務に切り換えられたということなのであります。決してドラスティックなものではなかったのです。

しかしこういうことになりますと、ローマに入ったゲルマン人としては、社会意識の面で非常に大きな変化を受けることになる。それは何かと言いますと、ゲルマンの故地におりますときには土地というものはあり余っているものですから、土地を持つことが何か権力の基礎であるという観念はまずないのです。分捕品や贈り物が豊かであり、従士が多いことが貴族たるものの基盤でした。ところがローマと接触して、そこで土地所有というものがなんらかの権力保持の重要な基礎になるということを、具体的に彼らは知ったわけです。ここでゲルマン人の考え方は大きく変ることとなります。それまでは、戦争をやって分捕った馬だとか財宝だとか、あるいは捕虜の奴隷などを分けてやって、従者を手なずけ論功行賞をおこなっていたのが、今やローマへ入ったゲルマン人は、土地をあてがうことによって従者を手なずけるという社会構成の新しい原理をそこでつかむわけです。封建制度というのはそういう変化が前提にならないと出てこない。これが以前からあった主従制度と結びつくことになるのです。

つぎにローマ帝国領内に入ったゲルマンの諸部族は、それではどういう特色を持つ国家をつくったのかと言いますと、結論的に申せば、それは徹頭徹尾二重性格を持つ国家であり、まだ一貫した原理を持っていなかったと言えます。私たちは、これをゲルマンの「部族国家」と呼んでいますが、その二重の性格について簡単に述べてみましょう。

たとえば東ゴート王国を例にとります。その王はあの有名なテオドリック（Theoderich）

大王でありますが、テオドリックは東ゴート族民の側から見た限りでの王であって、ローマの側から見ますと、それは帝国の特定地域における軍司令官の一人に過ぎないのです。その軍司令官の地位をオーソライズしているのは、言うまでもなくコンスタンチノープルにいるローマ皇帝であります。要するに部族民の王であると同時に、皇帝によって任命されたローマの一官職であるというわけです。

それからもっとはっきりしていますのは法の二重性でありまして、元から住んでいるローマ人はローマ法の支配の下に立っている。ところがゲルマン人は、どの部族もそれぞれの伝統をふまえた比較的簡単な部族法典の下に立っている。したがってローマ法と部族法との並存社会となるわけで、いわゆる法の属人主義が貫徹されているのです。今日のように法の属地主義ではなくて、人によってどの法規定に従うべきかが分れるのです。

それでは次に、国を治めるときにどういう体制をとるかを見ますと、軍事の面、つまり兵を指揮するものと兵士とは、ゲルマンの部族民によって独占せられ、その軍事力で治安が守られるのですが、司法の面とか税を徴収する仕事などはゲルマン人ではできませんので、これにはローマ人の文官を任用する。また、さきに申しましたように、だいたい都市の周辺に住むものが多かったため、ゲルマン人のいない地方もたくさんありました。そういうところへ文官を赴任させるときには、それに必ずゲルマン人がくっついて行くわけです。ゲルマン人がローマの役人を見張りする形をとりました。これは明らかに二重の制度であったのです。

宗教もまたお互いにちがうわけです。以前から住んでいた者は言うまでもなくローマン・カトリックですけれども、ゲルマン人はキリスト教の一派であるアリウス派であり、ゲルマン人がアリウス派からカトリックに改宗するのは、後のフランク王国のクローヴィス(Chlodwig)のときですから、五世紀の末以降であります。

以上申したのは、ローマ帝国のなかに入っていった東ゲルマン諸族のいわゆる部族国家に共通した特色の概要でありますが、西ゲルマン諸族の場合は、これとはだいぶちがった発展を示します。西ゲルマン諸族においては、部族国家の制度がそれほどきちっと整っていたわけではない。そこにはゲルマン的な要素がまだ非常に強く、中でもとくにザクセン族(Sachsen)の場合は、八世紀になっても王制がとられていなかった。このザクセン族にはさすがのカール大帝も手を焼き、この地域を平定してフランク王国に編入させるのに三十年もの歳月を費したのですが、それは、ここではかつての首長に似たような豪族支配の分立状態が残っていたからです。

ザクセンという地域はオストファーレン(Ostfalen)、エンゲルン(Engeln)、ウェストファーレン(Westfalen)の三つに大別される広大な地域で、エンゲルンから一部イングランドに移住した支族があったのは、その名の示す通りであります。ウェストファーレンとかオストファーレンという場合の「ファーレン」は、おそらく部族統合のような意味を持っているものと解されます。これら三つを含めてザクセンというのですが、ここではザクセン全体を統治する部族の王というものはいない。各地に大小さまざまな豪族がいて、ブルクを拠点に支配している。それでいて、いわば同族感情に支えられ、三つのまとまりができているわけですが、その中央を流れるウェーゼル（Weser）という川のほとりにマルクロー（Markloh）というところがありまして、それは今日のブレーメンの南、ミンデンの近傍と推定されていますが、ここがザクセン族全体の民会が開催されるいちばんの聖地であったのです。

そこへ一定の日にオストファーレン、エンゲルン、ウェストファーレンの三地域から代表が集るのです。ところがその代表の選び方が面白い。これはほんとうにそうだったということは、各種の史料に書かれていますので、これを疑うわけにはまいりません。すなわちこの三地域を含むザクセンの全住民は三つの身分に分かれています。まず上位の身分はエーデリンゲ（Edelinge）、「エーデリンゲ」というのは「アーデル」というドイツ語に関連した言葉で、貴族ということです。その次がフリリンゲ（Frilinge）の階層、そしてその下がリティ（Liti）またはラーテン（Laten）と呼ばれる従属民であります。ドイツ語で「アーデル」という場合は、一般に貴族を指す語と解されているのですが、しかしこれはラテン的表現でいうノーブルあるいはノビレスと同内容での貴族ではないのです。言いかえますと、フランス語や英語でいう「ノーブル」というのは、主としてそのときの支配者、つまり王に仕えて、ノーブルであることを認められた者という性格が強いのに反し、エーデリンゲと関係ある「エーデル」または「アーデル」というのは高貴な血筋の者という意味の方が強いのです。だからエーデルワイスではありませんが、高貴という点に重点が置かれ、家柄が正しいということなのです。

　ちょっと横道にそれた話をしましたが、そのエーデリンゲ、フリリンゲ、リティという、ザクセン全体におこなわれていた身分制は、先ほど申し上げたマルクローの聖地に集会を催すときは、おのおの三つの地域からそれぞれエーデリンゲ十二人、フリリンゲ十二人、リティ十二人というふうに、計三十六人の代表者を出すのです。身分の上では上下の系列でありながら、マルクローで大集会の際は三身分が同じ人数の代表を出し、そこでザクセン全体の大事を議する。これはある意味ではものすごくデモクラティックな運営であると言わなければなりません。

　誰がどういう手続でその十二人ずつを選ぶのかという問題はありますが、とにかくこの伝統的な民会精神が形を変えてかなり強くザクセンでは残っている。そのためか、一人の王がザクセン全土を支配するという部族国家の体制は出てこなかったのです。この伝統は他のゲルマン部族の間でも部分的にではありますが残っていたことがわかります。現在「フリースラント」といわれている北海に面した一帯に住んでおりましたフリース族の場合、あるいは遠くアイスランドの政治形態などに、この古い伝統を示唆する特徴が認められるのです。こういう民主主義的な考え方、これは世界帝国のしくみの中ではとうてい考えられないものだと思います。

　ところで、いままでザクセン族のことをやや詳しくお話ししましたが、西ゲルマンの諸族がローマからの影響を受けながら、だんだんと何世紀もかかって旧ローマ領に接近し、またその中へ移住・定着してゆく。そのなかでいちばん強大になったのが言うまでもなくフランク族であります。

4 フランク王国の構造

フランク族は、その実体はタキトゥス時代の群小キヴィタスの総合体で、大きく分けてサリ・フランク、リブアリ・フランク、それにカッティ族から成っています。フランクという名称は「自由」とか「勇敢」という意味を持つと言われ、史料の上でこの名称のあらわれるのは、三世紀の中葉からであります。それはとにかく、フランク族の一部は、マース川の下流地域からローマ帝国領内に入り、五世紀初めにはシェルデ川流域にまでひろがっており、他の一部はライン川流域に定着、お互いにゆるい結合関係を保持しつつ、だんだんと南へその勢力をのばしてゆきます。そしてシャグリウスというローマの豪族が支配していました地域を侵略、五世紀中葉になってようやく全フランク族の統一ができ、ついでクローヴィスの出現により、急速に大国家に成り上がってゆくのであります。

その政治史的な経過はここでは一切省略することとしまして、このフランク王国というのが、後に西ヨーロッパの枠組をつくる中心勢力となるのはご存じの通りであります。そこでフランク王国がなぜそんなに中核的な役割を演ずることができたのか、これにはいろんな理由が考えられますが、私はその最も基本的なものの一つとして、フランク王国の地理的・文化的環境がゲルマン的なものとローマ的なものとのどちらにも片寄らない両要素の合成・融合に最も適した地域であったということを挙げたいと思います。そのため、ゲルマンの本性をうしなわないで、長年月に亘ってローマ帝国の文物を摂取できたということです。

しかしそのこととは別に、征服の過程でいちばん大きい意義をもっているのは何かというと、四八六年フランクのメロヴィング王朝（Merowinger）の、前述した王クローヴィスが、三千人のフランク人とともにカトリックに改宗したということであります。ほかのゲルマン人はすべてまだアリウス派を信じていましたから、カトリックに改宗したということは、そこに住んでいたガロ・ローマ人およびローマ帝国の司教・大司教その他聖職者のすべてを自分の味方につけるということになり、これをきっかけに、フランク王国では他の部族国家にさきがけて、宗教の二重性が克服されてゆくわけであります。

クローヴィス改宗の動機につきましては、たくさんの研究が出ておりますが、なかなかその真実はわかりません。しかしだいたい、ある人間の改宗の動機が何であったかということは、いくら歴史を調べてみてもわからないことが多い。そんなにむずかしい宗教上の理論からではなく、たとえば愛児が病気で重態になったとか、王妃がカトリックの熱心な信者であったとか、あるいは戦争の際、十字の旗印を立てて進撃して幸いにも合戦に勝利を得たとか、とにかく非常に偶発的・個人的な経験が動機となっていると思います。ところがこのクローヴィスの改宗が、やがて他のアリウス派のゲルマン諸部族を平定し、統一してゆくいちばん大きな原因になったのです。

この事情は史料的に証明されるわけで、たとえばフランクの軍隊が西ゴート族やアラマン族を攻めるときには、フランクの王室に近いカトリックの聖職者たちが、それぞれ相手の部族国家の中の内紛だとか民情をこと細かに情報としてどんどんフランクのほうに知らせて来ているのです。そのため、出陣の時期や攻め方が実に的確で、戦って可ならざるはなし、という形で、フランク王国の版図がたちまちにして大きなひろがりとなる。こうしてできたのがメロヴィング王朝下のフランク王国でありまして、ほぼ五世紀の末から七五一年の例のピピンのクーデターに至るまで続くのです。

その少し以前、すなわち七三二年という年、これが破竹の勢で進撃して来たイスラム教徒がスペインを制し、ピレネー山脈を越えてフランク王国に入って来ましたポアティエの戦いの年であります。ポアティエの戦いでフランクの宮宰カール・マルテルが真に歴史的な勝利をおさめまして、そこでイスラム教徒の侵入を防ぐことができた。もしあのときにフランク側が負けていたら、おそらく西ヨーロッパの全体がイスラム圏に入ってしまっただろうと言われています。この時代の細かい政治史のことは抜きにしますが、そのメロヴィング王朝がだんだんと日本の摂関政治のときに似た乱れになりまして、幼少の王が権勢ある豪族の意のままに政争に利用され、乱麻のごとき内紛がつづくこととなり、王家の実力がなくなってしまったときに、それに代って出てきたのがピピン（Pippin）であり、その家柄がカロリング家といい、七五一年の無血クーデターによってカロリング王朝（Karolinger）を開くのであります。そしてそこからカール大帝が出るというわけです。その政治史的経過は一切省略しますが、フランク王国というものを考えますときに、今までの学界であまり注目されなかった点は、この国土の地域差という問題です。ご承知のようにフランス中部を東から西へ流れているのがロアール川であります。この川の流域は古いお城がたくさん残っているので、いまは観光地の一つになっておりますが、このロアール川を境として、これから南と北とでは、歴史的に見ても、経済的に見ても非常に大きな地域差があるのです。それはどういうことかといいますと、ローマ帝国の盛んなときには、ロアールの南はもちろん、その北の地域も、今のベルギーあたりに至るまで、ずっとローマの元老院貴族の末裔たちや大地主がいろいろな格好で奴隷や小作人を持つ大きなヴィラを構え、のちの荘園に似た農地経営をおこなっていたのですが、じわりじわりとゲルマン人、すなわちフランク、アラマン、バイエルンというような諸部族が入ってまいりますと、彼らはだんだんとその土地を手放して、ロアール川の南へ退き、そこでまたローマ風の大地主的貴族の地盤をつくることとなります。

　ロアール川の南はもともとガロ・ローマ人を従えた大土地所有があったところですが、地理的に見ましても、そこはいわゆる南フランスで、ラテン系の住民によって占められ、八世紀になりましてもローマの諸制度が色濃く残っているところでした。そういうところへ、ゲルマン人に追われたローマの貴族が新しい生活の場を築いたわけですが、そうした貴族のなかには、もう一度栄光あるローマをガリアを中心に復活させようと、いろいろな反乱を起す者もいましたが、いずれもそれは失敗してしまう。しかしラテン的教養を身につけているのは、言うまでもなくローマの貴族たちでありますから、彼らのうちのある者はフランク王国の高級な役人になったり、あるいはキリスト教の司教や大司教になったりして、いろいろな形でフランクの王室に近づいてゆく。それがやはり蛮族侵入の乱世を生きる一つの道であったのです。いずれにしてもロアールの南には、そういうローマ的な伝統や制度が予想外に後世まで残っていたのです。

これに反してロアールから北の地域へまいりますと、これはじわりじわりとゲルマンの貴族、豪族が族民とともに移住して来て、そこでそれぞれの自分の支配を打ち立てようと努め、ローマの地主が持っておりました奴隷だとか農奴を使って、自分の土地所領の経営にこれを巧みに利用し、やがてローマのやり方とはちがった土地所有の形態に移し変えてゆくこととなります。こんな次第ですから、奴隷とか農奴の側から見ますと、この過程は地主がローマ人からゲルマン人に変っただけで、さほど大きな変化ではない。それのみならず人格的に親しさを覚えるのは、ローマの貴族よりもゲルマンの地主のほうであるというふうに奴隷や従属民たちが考えたのでして、ゲルマン支配をかえって歓迎していることが、当時の史料から読みとれるのです。ですからライン川からいまいうロアール川に至る地域では、一般の民衆は地主と一緒に南へ移らないで、ゲルマン人の到来を待ち望んでいたとさえ推測されるのです。

それはどういうことかというと、一つは主従関係の考え方が、ローマ人とゲルマン人とではまるでちがっているということです。ゲルマン人の間では人的なつながりは、古くからのいわゆるゲルマーネントゥームの精神にささえられ、奴隷の子も主人の子も見境がつかないような教育を受けるという、あの非常に素朴な感情が生きています。これはローマの貴族には見られぬ点です。

私がこのようにフランク王国の南と北の相違を強調するのは、実は次のような問題への伏線があるからです。すなわち面白いことに、やがて中世経済の注目すべき基盤が形成されるのはロアール以北の地域においてであって、ロアールから南の地域には中世的生産性を高めてゆくような新しい様式が出てこない。たとえば農業技術一つをとって見ましても、その改良はロアールから北では取り入れられますけれども、南ではまるでといってよいほど改良がおこなわれず、昔ながらのローマの耕作法が残っているのです。このことの詳細については、次の回で申し上げます。

いずれにせよ、このような状況にあるのが、フランク王国なのですが、ここで最後に次の回との関係で申し上げておきたいことがあります。それは二つの王朝についてであります。フランク王国は、先ほどもちょっと触れましたように、五世紀末から七五一年、ピピンのクーデターまでがメロヴィング王朝、それから七五一年から十世紀、すなわちカロリング王朝であり、いえば九一一年、フランスについていえば九八七年までがカロリング王朝であり、ドイツについてはフランス、ドイツ、イタリアというふうに分れてしまうわけです。

その間、これも先ほど申した七三二年にポアティエの戦いでイスラムの侵入を食いとめることに成功し、そのことがやがてピピンのクーデターを可能にした遠因でもあったのです。

ところがこの二つの王朝を経済史的に見た場合、そこに注目すべき対照的な相違があるという学説が提唱されました。このことを強調し、みごとにそれを論証してみせたのがベルギーのすぐれた歴史家アンリ・ピレンヌ（Henri Pirenne）であります。

彼はこれを「コントラスト・エコノミック」（contraste économique）、経済的対照と説き、その構想を、あの古典的な名著『マホメット・エ・シャルルマーニュ』の中で展開したのであります。「マホメットとカール大帝」という書名ですから伝記かと思ったら大まちがいで、マホメットが出たからこそ、カール大帝の事業が可能であった。すなわちカール大帝のつくった、土地に重点をおく封建制度というものは、マホメットが出て、イスラム教徒がスペインまで攻め入り、キリスト教徒が地中海への出口をうしなったから可能であったのだというのです。

このような、あまりにもあざやかなピレンヌの考え方には多くの部分的な批判がなされていますが、大筋において私はすばらしい構想だと思います。そこで結論だけを申しますと、ゲルマン人が侵入したからといってローマの社会や文化が破壊されたのではないということがピレンヌの考え方の一つの重点です。

ピレンヌによると、ゲルマン民族移動の後になっても、地中海を内海とした経済的・文化的統一、つまり古代ローマ世界の商業交易、経済生活というものが、貨幣の面からいっても金貨・銀貨が流通し、商品の面でも国際商品が流通し、以前のままの様相を維持していた。ローマの征服した地域、つまりローマニア世界の経済行動というものは、ゲルマン人の侵入があってもなんら変らずに存続していた。ところがイスラムがエジプトから北アフリカを征し、スペインまで制圧することとなりますと、これはもう明白な宗教的対立でありますから、地中海の西半分、いやそのほとんどがイスラムの活動舞台となり、キリスト教徒による地中海の商業というものは火の消えたようになってしまった。地中海的統一の断絶、すなわち古代的国際商業の消滅という結果をもたらした、と説く。その背後には、ゲルマン人の侵入の際は、このような宗教的なはげしい対立がなかったのだ、という考えがピレンヌにはあるのです。

これを何によって彼は論証するのかといいますと、地中海沿岸のマルセーユからナルボンヌ、バルセローナにかけての地域にある修道院の倉庫の貯蔵品の明細目録を調べるわけです。そうしますと七三二年より前――そんなに何年前と限られていませんけれども、だいたい八世紀の中頃までは、カトリックの聖職者たちがものを書いたのは主としてエジプトのパピルスであった。流通していた貨幣は金貨が基準であり、灯火はオリーヴ油が圧倒的であり、またアフリカやオリエントからの財貨が豊富に蔵されていたことがわかる。ところが八世紀の中頃からそれらのものはものすごく高価なものとなり、日常生活の様子も変ることとなります。メロヴィング王朝のときには、照明はいま申したようにオリーヴの油でしたが、八世紀末からあとになるとほとんどすべて蠟燭（ろうそく）になります。それからパピルスに書く風習はなくなり、羊皮紙になる。羊の皮をなめした非常に高価なものです。それから金貨はまったく流通しなくなり、それに代って小規模取引に適合的な銀貨の流通となる。

それから人口構成も、地中海沿岸の港湾都市は国際的な色合を持っていて、ユダヤ人の住むところもあれば、オリエント各地からの商工業者が住んでいたところもあることが証明されますが、イスラムによって地中海を断絶された後は、それらの町は急速に衰微の一途をたどった。今までの通説では、ゲルマン人が侵入したためローマ帝国の都市は衰えていったのだというふうに説かれて来たのですが、ピレンヌの説によりますと、ゲルマン人はさっき言ったような状態で、それほど破壊していない。ごく一般的に言いますと、旧ローマ帝国領内の都市は、むしろ民族移動以前から、つまりローマ帝国自体の社会的・経済的衰微のゆえに人口の減少を示しており、だんだんと砦のように小さくなってしまった事例をいくらでも挙げられるのです。これは考古学的にもはっきりわかるわけです。したがって地中海に面したフランク王国の港湾都市の衰微については、ピレンヌの説は正しいかも知れませんが、それ以外の内陸都市は、すでに四、五世紀の頃から砦のように変質する傾きがあったのです。

それで今度は、このように地中海交易から切りはなされたフランク王国で権力を確保し保持しようとすれば、商業でなく土地、すなわち農耕社会に基礎をおいた支配権力というものをどうして打ち立てるかということになります。言いかえれば農業生産力を高めることによって支配権力の基盤を堅牢にしてゆく。そういう原理に切り換えてゆかないと、フランク王国における新しい支配体制が出てこない。しかもこの新しい体制は、さきに申した部族国家の二重性を克服し、一貫したものでなければならない。

こんなわけで、今や、国王が商業から得ていたところの関税とか通行税、あるいはローマの遺制であります人頭税とか地租といった税収入では国庫が立ってゆかなくなった。それとは基本的にちがった形で、支配権力の基礎は農耕社会におかなければならない。こういうふうになるわけです。だからピレンヌは、マホメットとカール大帝との間には、社会経済史的な基盤を考える限りにおいて、まさしく因果関係がある、マホメットなくしてカール大帝は出ない、そのことを両王朝間の経済的対照という形であの名著を書いたわけであります。

ここでビザンツのことを申さなければいけないのですが、そのことについては省略することにいたします。ピレンヌのいうことがすべて正しいというわけにはまいりませんが、大ざっぱに見て、だいたい八世紀頃から農業に基礎をおいた支配権力が勃興してくる。つまり農業生産力が増大しなければばいけない。その農業生産力の増大は、どういう形であらわれるのかということが次に問題になるわけです。

そこで封建制度が出てくる根底としての、先ほど申したロアール川とライン川にはさまれた今のフランスの北半分の地域において、どんな現象が起ったかを調べなければなりません。この地域は、南フランスやイタリアのように、畑に石ころのあるような悪い乾燥した土地ではないのですが、そこへゲルマン人が入って来て、未熟な農業技術をもってそこに定住する、その段階ではまだまだ生産力は低い。そこでどういう農業改革が起るか。そしてそれを支配するのが封建諸侯でありますから、その構造を内容的に明らかにしなければ、中世的生産様式、封建的支配の根底というものはわからない。この次はそのことについてお話したいと思います。

第三講　西ヨーロッパ的生産様式の形成と普及
八―十一世紀

葡萄畑の手入れ

1　初期中世の集落形態

早いものでもう三回目になってしまいましたが、今日は少し楽屋裏の話をいたしまして、私どもがどんなふうにしてヨーロッパの古いことを調べるのかの事例をお話したいと思います。

日本史ですとそれぞれの地域へ出かけていって、現場を見ることができますが、ヨーロッパ史の場合にはそう簡単にはできません。したがっていろいろな書物を読まないと具体的な姿が出てこない。特に私の場合は、理論的に歴史を概念でどうするというのではなくて、力はないけれども、できるだけ自分の頭のなかで絵が描けるような、画像が出てくるような形で理解するのでないと気がすまないという面があるものですから、社会史とか経済史とか言ったって、どんな地形のところで、どんな状況であったかわからないで「封建的生産様式」とかいうだけではどうも気がすまない。そんなわけで、自分が納得するのには、楽屋裏でいろいろな雑学をせざるを得ない。その楽屋裏に触れたことを申し上げたいと思います。

ところで今回は西ヨーロッパ的生産様式の形成と普及、ということを考えてみたいのですが、その考察の時期はこの前お話しました七、八世紀から十一世紀頃までの状況というふうにご理解いただきたいと思います。

例によりまして、まず最初に前回のまとめのようなことをちょっと申しますと、四世紀から八世紀という時代は東洋、西洋にまたがって騎馬民族や遊牧民族の移動がいろいろな形であらわれ、私の表現で申しますと、一方では漢民族の世界帝国、他方ではローマ帝国といういわば古典的な高度文明、他方では新しい、素朴と言いますか、野蛮ではないけれども、アルカイックな、古拙な社会、この両者がどのような形で接触するかという世界史的スケールでの大きな問題が起った時期にあたります。そして西洋では東ローマ帝国の伝統がかなり忠実な形でビザンツ帝国に、次いで帝政ロシアに受け継がれますが、西ローマすなわち西ヨーロッパでは、理念としてのローマ帝国の考え方はカトリック教会に受け継がれて残りますけれども、政治体制の現実はいろいろな形で部族国家になり、封建国家になり、そして国民国家の分立となって、二度と世界帝国的な統一を実現しない政治情勢が、今に至るまでつづいている。

それを大げさな表現でいえば、西ヨーロッパの四、五世紀から今日までの歴史は、世界帝国の否定というまことに意義深い大きな仕事の歴史であったというふうにも考えられなくはない。そしてそのことの意味を知るためには、どうしても高度文明のギリシアやローマの文物とか思想を重視するだけではなく、庶民生活の意識、団体構成の精神といったものをも考慮しなくてはならず、したがってどうしてもゲルマン人の社会の特色をつかんでおく必要がある。

そういうふうに考えるものですから、そこでいわゆるゲルマン民族移動と言われる現象のなかで、ローマ帝国のなかに入り込んだ東ゲルマン諸族はどういう性格の部族国家をつくり、他方じわりじわりとローマ帝国に移住した西ゲルマン諸族の国家形成とどうちがっていたかというお話をしました。

そして西ゲルマン諸族の代表的なものとしてフランク王国を取り上げ、特にカール大帝時代のこの国が、一般には非常に統一的な官僚国家であったかのように言われているが、地域的によく調べてみると、大きな地域差があり、また官職についた人の素性を洗ってみると、これまた決して日本の律令国家における国司とか郡司とかいうような、ああいう中央から派遣されたものではなく、在地の豪族を任じたケースも多かったことをお話しました。ことに南半分にはローマの貴族の末裔（まつえい）がたくさんおりますから、そうしたローマの大地主は自領を保持するため、あるいは役人となり、あるいは聖職者となって王の支配に服したのであり、王権もまた各地の豪族・有力者の力に依存せざるを得なかったのです。

次いでアンリ・ピレンヌの学説を紹介することによって、だいたい八世紀を境に西ヨーロッパが内陸的な農耕文化へかなり急速に移行することとなった理由を説明しました。そのことと並んで、ここでもう一つ精神史的に大事なことに触れておかなければなりません。それはフランク王国、特にカール大帝のときに至って、はっきりと世俗界での皇帝権と、精神界での教皇権というものが、二つ別の場所に分れて存在し、両々相俟（あいま）って、あたかも楕円の二つの中心のような形で西ヨーロッパの体制の枠組ができあがったということです。皇帝と教皇というものがビザンツのような在り方とはちがって、相互に分れ、その間の緊張関係というものが、ヨーロッパ史を動かしてゆくきわめて大きな構造的特色をなしているというふうに考えられるのであります。

ところで今日は、以上のようなお話を前提にして、一般民衆の生活様式といいますか、特にその集落形態について考えてみたいと思います。土地に重点をおかざるを得なくなった八世紀からだいたい十一世紀頃までの間にどういうように農民のあり方が変ったのだろうかという問題です。私はこれを西ヨーロッパ的生産様式の形成などという大げさな表現で考えているのですが、それが具体的にどういうことかをお話申し上げたいと思います。

まず初期の中世、すなわち四、五世紀から九世紀末ぐらいまでを大ざっぱに初期中世といいますが、その時代において一般庶民が住んでいた集落というものはどんなものであったのだろうか。そう考えますと、最も普遍的なのは農民集落であるのはもちろんですが、それとはちがった集落として、仮りにこれを都市的とでもいいますか、つまりまだ都市とはいえないのですが、その存立の理由が農村とはちがったものに基因している集落が考えられます。これを旧ローマ帝国領とゲルマン領域というふうに二つに大きく分けてみますと、旧帝国領域にはゲルマン人の侵入以来だんだんその活力が弱まってはいますけれども、まだ司教がそこに座を占めて、都市的な様相を呈し、教会組織の中心になっている「ウルプス」とか「キヴィタス」と呼ばれるいわゆるローマ都市が細々と残っている。この場合のキヴィタスは、ゲルマン社会の国家を意味するのとは別です。それから軍事的な意味では、「カステルロ」と呼ばれる砦がローマ世界にはあちらこちらに散在しています。今日でもその遺跡が残っているところがあります。それからもう一つの特異な集落は、城壁を持たないで、商売が行われる中心地でありまして、ラテン語で「エンポリウム」と呼ばれる市が立つ場所でありま す。あるいは修道院のそばとか、交通の要衝とかにいろいろな形で市が立つ地があったのです。こう見て来ますと、旧ローマ領にはキヴィタス、カステルロ、エンポリウムという三つの特殊な集落が、それぞれ宗教の中心、防備の拠点、商業交易の場という三つの機能を分け持って存在していたと言えるのです。

一方、ゲルマン社会におきましてもそれと対応して、宗教的な神殿や聖所を中心に農村とはちがった集落がありました。ゲルマン領域に特に多いのは、「ブルク」と呼ばれるものであります。このブルクにも時代により、地域によっていくつもの形態が考えられますが、日本流に申せば山城形態のもの、山城の中腹に特殊な豪族の邸館を伴うブルク、あるいは「ワッサーブルク」といって水で取り囲まれたブルクもあります。そしてその周辺の数ヵ村とか十数ヵ村とかの地域的まとまりを支配するような、一種の土豪的なものが、居を構えている。そういう状況のブルクが現在もたくさん発掘されまして、各種の報告書が出ております。こうしたブルクが軍事的意味を持っていることは言うまでもありません。それからもう一つは、やはり一般農村とはちがった市が立つような場所、これはゲルマンの言葉で何といったかわかりませんが、その当時のギリシアの記述家が「ポレイス」と記している集落であります。

以上が両領域における都市的なものでありまして、いわゆる自治体として活気のある市民生活の場としての都市というものは、特殊なものは別として、おおむねこの時代にはなかったと見てさしつかえないと思います。

ところで問題はそういう集落ではなくて、農民集落についてであります。土地に重点をおく政治・社会体制ができてくるということは、農民支配の強化でありますから、農民がどんな生活をしていたかを知らなければなりません。ところがこれは書かれた史料だけでは、なかなかその画像が浮んでこないのです。そのため私たちはどんな研究方法をとってきたか。それこそ楽屋裏の話ですけれどもその話を少し例示してみましょう。従来行われておりました研究法は、だいたい十八世紀頃にできた地図、つまり鉄道が敷かれていない時代の地図によって地名や耕地の在り方を調べ、どういうスケールの村落がどのように分布していたかを調べる、というやり方でした。その後、それからもう少し時代を遡りまして、十五、六世紀を中心に各地に保存されていました村方の史料、それは「村方判告録」と私どもは訳していますが、原語では「ワイステューマー」(Weistümer) というものがあり、これを利用して、少なくとも中世中期以降の村落や農民の在り方を復原しようとする研究が二十世紀に入ってさかんに行われました。この史料は年に何回かある一定の日に菩提樹の大きな木の下などといった村の広場に村人が集りまして、村長または領主の役人が立ち合って、半年なら半年の間に村境域内で起ったいろいろな事件の裁判を行うわけです。そのときに、実際には領主側からの力が作用する場合がありましたが、少なくとも形の上では村の古い慣習に従って裁判を行い、判決を告げるのです。ですから、この形式は旧いゲルマンの民会の精神に通ずるものがあり、きわめて小規模な民会という性格もそなえていたと言えます。そして十二、三世紀のものはラテン語ですが、十五、六世紀からはその土地の農民にもわかる言葉で記されており、それが今日たくさん残っている。この史料を最初に集大成したのが、童話で有名なあのヤーコブ・グリム（Jacob Grimm）であります。そしてその後に発見されたものが、今日もなお次々と公刊されています。その中には厳格に言えば、ワイステューマーとは言えない性格のものも多数含まれておりますが、しかしとにかくこの史料の中に当時の村落がどういうふうに運営されていたかを推測する手がかりが含まれているのです。

それからもう少し遡って十二、三世紀の史料になると、主として修道院や教会所領に関するもの、さらに特例としては九世紀の王の御料地および二、三の古い修道院の史料などがあります。しかしこれら領主側の史料は、いずれも所領の明細帳や土地台帳、それから寄進を受けた際の寄進帳でありますため、荘園史料としては重要ですが、村落史料としてはあまり有効なものとは言えないのです。

こんなわけで、集落形態の全体を総観しようとするためには、どうしても十八世紀に作製された地積調査の際の地図によらざるを得ないのです。そしてこれを活用してヨーロッパのほとんど全域にわたっての集落の分布と耕地の在り方を集大成しましたのは、アウグスト・マイツェン（August Meitzen）という人であります。どういうことがマイツェンによって説かれたかといいますと、結論的にいえば、村の型、集落の型というものは民族性の表現だということであります。もっとも、そうは言いましても地理的な条件などで、いろいろの型が混在している地域も多いのですが、大局的にその分布を地図に示しますと、それが民族の早期における定住分布を示唆するものだと説くわけです。

この主張を内容的に総括しますと、ゲルマン人の集落は「ゲワン」(Gewann) と呼ばれる数個の開放耕区をもつ有核密集村落 (Gewanndorf) ――「集村」ともいう――が圧倒的に多く、ケルト族の定住地域には散居制村落 (Einzelhofsiedlung) ――「散村」ともいう――が、スラヴ族の地域には円形村落――「ルントリング」(Rundling) ともいう――が、そして中世中期にできたゲルマン領域の村には、集村に混って「ワイラー」(Weiler) と呼ばれる小村（英語でいうハムレット）形態をとるものが多いということになります。

そこで私どもにとって問題なのは、ゲワンを持つ有核密集村落がはたしてゲルマン固有のものであろうか、また集落形態がそれほど確実に民族性を示唆するものであろうか、そして最後にそのような集村はいつごろ、どの地域で形成されたのだろうかという疑問であります。

ゲワンを持つ村落を類型的に申しますと、まず村の中央に核のように二十ないし三十戸の農民家屋敷の群があり、各家宅の周囲には菜園地があり、その外側に耕地がひろがっているのですが、その耕地が数個または十数個のゲワン、つまり共同耕作の場としての開放耕区に分けられており、各耕区の中が短冊状の細長い一筆の耕地に整然と仕切られていて、農民各自の持分地であるその短冊状の土地がどのゲワンにも混在しているのです。そしてそうした広い耕地の外側には、まぐさ地や荒蕪地（こうぶち）あるいは森林などが、村境にまでひろがっている。このような集落形態の類型を、全体として「ゲワン村落」または「集村」というのです。このような村落の姿はほぼ十四世紀末までだいたい同じスケールでゲルマン領域の各地に残っていました。

マイツェンはその分布がスカンジナヴィア半島からユトラント半島、すなわち今日のデンマークですが、そこからずうっと南にひろがって、ドーナウ川、ライン川の上流から北フランスの内陸部全域にひろがっていると説き、集村の基地をスウェーデン南部、デンマーク、およびエルベ河口からライン中流の地域、すなわちゲルマン民族の故郷に求め、それが民族移動とともに上述の地域にひろがったのだと考えたのであります。しかもその集村においては、いわゆる「三圃農法（さんぽのうほう）」と呼ばれる団体規制の強い輪作の運営が採られていますところから、これが、後で述べますように、ゲルマン社会の原初性と結びつけられて、あたかもゲルマン的土地所有の特色であるかのように説かれることになったのであります。

それはとにかく、次に散居制村落、すなわち散村でありますが、これはウェーゼル河口から南はウェストファリア地域まで、西はマース川流域からフランドル一帯に分布しており、さらにフランスの西方ブルターニュ、ノルマンディーから、不規則ながら南フランス全域にひろがっております。イギリスでも、ウェールズなど西方に顕著に見られます。マイツェンはこれをケルトの遺制と見たのですが、ウェストファリア地方にそれほど多数のケルト族が住んでいたという証拠はありません。ここに大きな疑問があるわけです。

これらの地域とは別に、旧ローマ領の場合には、「ラティフンディウム」といってローマ貴族の大土地所有の遺制が残っていまして、「ヴィラ」と称する大地主の邸館を中心に、初

め の頃は奴隷を使って経営されていたのですが、ローマの国力が守勢に転じ、奴隷の入手が困難となりますと、地主たちは、今までいた奴隷やその子孫、あるいは領内に流れ込んで来た転落した自由民などに、中世の農奴に近い関係で土地を分割貸与し、小作に出しました。そのためそうした地域では、日本の条里制ほど整然とはしていませんが、結果としては散居制に似た集落となって、あちらこちらに残っているのであります。中には番号を耕地名に残しているケースもあります。

それからもう一つ触れておきたいのは中世中期に多数に成立するワイラー、すなわち「小村」とでもいうべき集落についてです。これは原則として三圃農法を採らない場合が多いのです。それでありながら、その四、五戸から十戸程度のルーズなまとまりの集落が、まぐさ地や森林のような入会地（いりあいち）に関しては、一定の共同体規制を持っていました。そういう形態は湿地帯、川岸などにできた開墾または干拓村に多い。またかなり高い山地に成立したものも多かったのです。

以上、私自身の説明を加えながらマイツェンの業績を紹介したわけですが、この立論は、実は十八世紀の土地調査図といったずっと後世の史料の所見を、民族性という基本的なものにくっつけて、ゲルマン集落の特色を主張した議論でありますため、その後だんだんと考古学が進み、地名学が進み、それからさらに土壌学・地質学・民俗学・言語学などが活発に援用されることになりますと、各地域の徹底的な個別研究を通じて、まず部分的にマイツェン説に修正を加え、あるいはこれに反駁する傾向が出て来ました。特に二十世紀の二〇年代以降、いわゆる地域史研究の盛況により、この傾向が決定的となったのであります。

ところで、すでに皆さんご推測のことと思いますが、マイツェンの説は、ゲワンを持つ三圃農法におけるあの特異な地割りを民族的特性に結びつけ、そこからゲルマン人の集落にみる自由民相互の平等な地割り制の存在を想定しようとする一種のイデオロギーというか、とにかくそういう先入主を生む危険を含んでいたのです。この考え方は、実は十九世紀を通じての長い学界の伝統をふまえたものであったのですが、いまやそのことに疑問が提起される時代が来たのであります。

2 原初村落の集村化

私自身十九世紀の諸学説で三圃農法のことを学び、最初から疑問に感じていたのは、先にゲルマン社会について言いましたように、土地があり余っているところでの農耕というものを一方で考えますと、民族移動の時期にしても、なぜそんなに合理的な集落が移動・定住とともに初発から行われ得たのかということでした。ましてやそれを原始共産制の遺制だなどということはとても納得がいかない。なぜなら三圃農法がうまく運営されますためには、ご承知のように夏畑と冬畑と休閑地というふうに開放耕区を分けてローテーション、すなわち輪作を行うことが必要なのですが、これを行うためには、農民の数がある程度の規模に達しないとできないのです。

逆にゲルマン人の定住単位が最初から二、三十戸の集団であったという証拠はない。そうだとすると、十三、四世紀に存在した集村の起源をあまり遡らせることは危険であり、ましてやそのゲルマン的な原初性を主張することは大いに疑問だと言わなければならない。だいたいこのような考えから、私の集落史の研究が始まったのです。

そこで、これからが私の楽屋裏の話になるのですが、その疑問を解くためのアプローチの仕方はどういう点から着手したらいいのか。これにはちょっと困りましたが、そこは先ほど申したように、もともと素人でありますから、素人の利点を生かせまして、専門の歴史家ではやらない考古学や地名学などの本を読みあさり、たいへんな雑学でこの問題と取り組んでみたのであります。

そこで問題に対処した私の研究方法と、そこから得た結論を申し上げることにいたしましょう。まず集落形態が民族性の表現であるということは、これは一つの仮説に過ぎない。だから、たとえばケルト族がライン川の河口からウェストファリアの北西部、それから今のオランダの地域に特に密集して住んでいたという証拠があるかというと、それはない。ケルト族がいたことが史料的にはっきりしているのは、前述したフランスの西のほうとイングランドの西部一帯である。そうだとすると、ケルト族のいなかったところになぜこういう散居制がいつごろからできたのか、ということが問題になります。言いかえますと、民族性を抜きにして考えた場合、ライン河口からオランダ、フランドル地方にかけてなぜ散居制があるのかを調べる必要があるのです。

ウェストファリア地方を旅行しますと、今日でもその東南部は集村、西北部は際立って散村であることが、はっきりと認められます。だからこの地方の徹底的な研究を行うことが、この問題を解く一つの鍵にもなるのです。この集落形態のコントラストは、鉄道がつく前の一八〇一年に作製された地図を見ますと、今日の状況よりもいっそう歴然と読みとれます。こういう地図が各地域で盛んにつくられ、それと考古学・地名学・地質学などを援用して、地域史的な研究が深められているのが現状です。

そこで、今ちょうど問題にしているウェストファリアの北部にオスナブリュックというまとまった地域があるのですが、この地域での徹底的な個別研究の成果を、まったく例示的にお話することといたしましょう。ここは集村と散村の分布の境目に当るからであります。この研究はだいたい一九二〇年頃から盛んになったものなのですが、相当多数の古い集落の姿とその耕地の在り方がわかってまいりました。その結果、そこで得られた結論を簡単に申しますと、四世紀から八世紀頃にかけてこの地域にあった集落の形態は、集村でもなければ散村でもない、別のものであった。そのことが耕地または耕区名と地質学、それに住居跡の考古学的研究などによって証明できる。学界ではそれを「原初村落」(Urdorf)と呼んでいるのですが、その意味はゲルマン民族の先史時代からの最も古い村というのではなく、ほぼ四世紀ないし八世紀の頃に存在したと立証できる一般的な集落というほどの意味であります。

その原初村落の復元された姿を見ますと、農民の家屋敷は、どの集落遺跡をみても、ほぼ

四、五戸から最も大きいスケールのところでも十戸を越えない、しかもきわめてルーズなまとまりであったことがわかる。そしてそこでは各家宅の周囲に自分の菜園を持っている。野菜をつくったり豆をつくったりするところです。中には一つの家屋敷に付属して小さい小屋のあったことが考古学的に証明されるケースがありますが、これはおそらくは家僕など従属民の家、または農具や穀物を容れる小屋であったと思われます。一戸当り何人いたかということはこの研究だけではわかりません。

しかしそうしたルーズな家屋敷の場所からやや離れた場所に、かなり広い耕地名で「エッシュ」(-esch) の語尾を持つところがある場合が多いのです。東西南北にエッシュをつけたもの、あるいは穀物名にエッシュをつけたものの如きがそれです。たとえば「オステルエッシュ」、「ロッゲンエッシュ」というようにです。そしてそのような耕地が、最も土壌の良いところであることも証明され、その中の極端に長い地条の存在さえ復元されているのです。そこでこのような耕区のことを研究者は「エッシュ」とよんでいます。またエッシュは一つの集落に一ヵ所だけでなく、二つまたは三つもある場合があります。そしてエッシュ耕区を持った原初村落のことを「エッシュドルフ」(Eschdorf) といい、また地方によっては、これに類した古い形態を「ドルッベル」(Drubbel) ともいいます。

さてそこで、現在一応定説と考えられている四世紀から八世紀頃の原初村落の絵を頭に描いてみますと、上述のように四、五戸から十戸程度のルーズなまとまりの、おのおのの家屋敷の周囲には、日常生活のために野菜をつくる菜園地があり、つぎに主穀、つまり各種の麦類を共同作業によって生産する「エッシュ」と呼ばれる幾つかの広い耕区がひろがってい る。しかしそこで長形の地条が平等に分配されていたという証拠は何もない。むしろ各戸の家格などに応じて、実際には不平等にその持分が分けられていたものと推測される。

ただこの場合言えることは、家屋敷と菜園地とは各戸のものであるが、主穀生産の場であるエッシュは、共同耕作によって一挙に種を蒔き、一挙に刈り取るという、そういう場であって、強いて言うならば、そこでは二つの原理、すなわち個人主義的なものと団体規制下にあるものとが共存しているという状況である。しかしこの段階ではまだ三圃農法のような輪作による運営は見られず、一つのエッシュの地力が衰えると、他に新しい耕区を共同してつくり出すという方法が採られたらしい。だからいくつかのエッシュの跡がみられるのである。そしてその外側の周辺には、森や林や荒蕪地がひろがっていた。だいたいこのような絵が描けると思います。

ところで、ウェストファリア地方でひとたび原初村落やエッシュにおける長地条耕地の存在が発見されますと、そうした遺跡や耕区跡があちらこちらでわかってまいりまして、ゲルマン人の住んだほぼ全域においてこれに類似した集落が、かなり一般的に証明されることとなりました。もちろん例外の大きな集落があるにしても、集村が形成される以前の集落の平均値は、どこをとっても四、五戸ないし十戸程度のまとまりであっただろうというのが現在の私の考えであります。

それではウェストファリア北西部からフランドルにかけての散村は、いつごろどうしてで

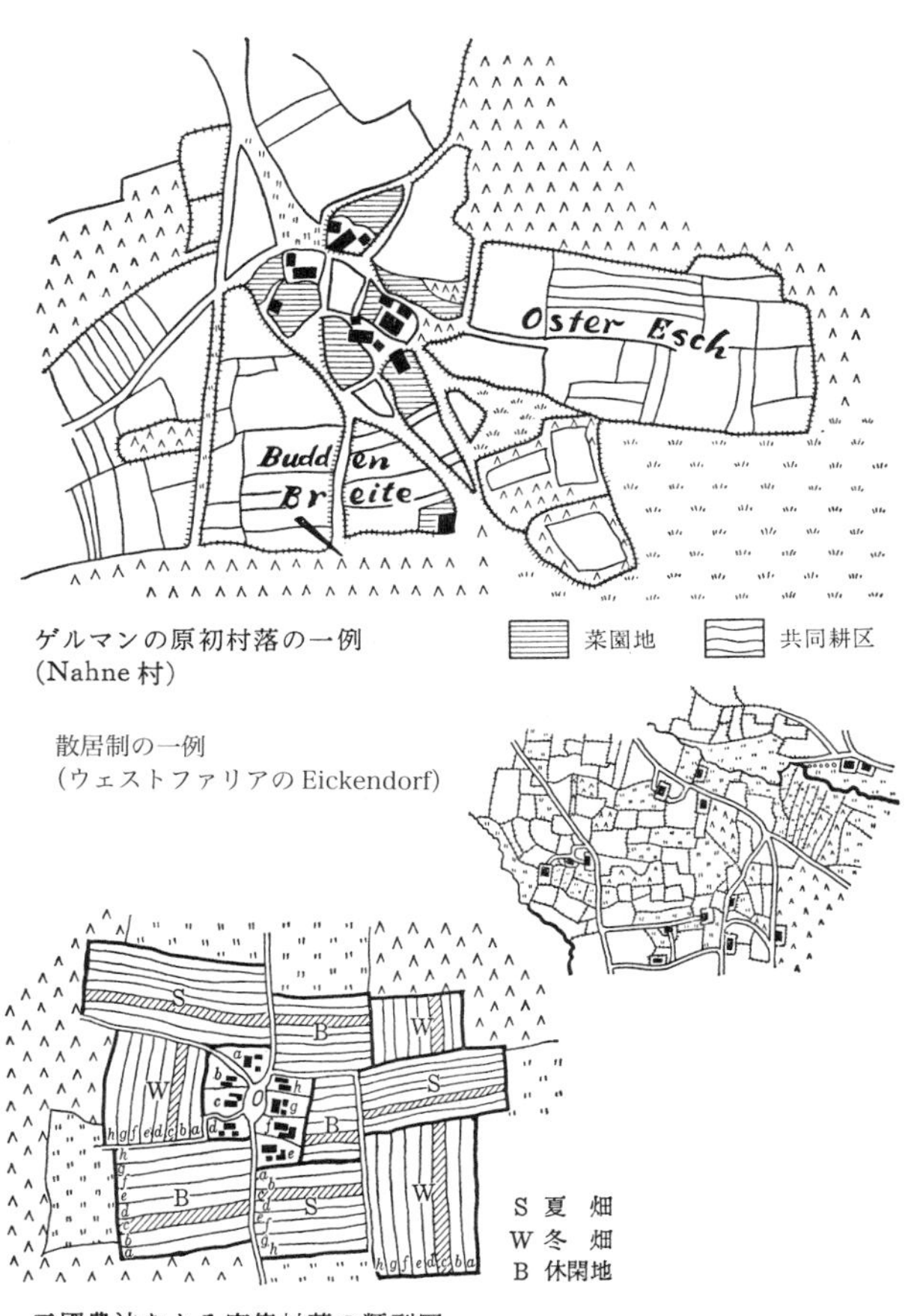

図1　アルプス以北にみる集落の事例と類型

きたものでしょうか。古い時代には、この地域にも長地条をもつエッシュ村落があったのですが、それがなくなってしまって、そして散村形態に変って行くのです。その変化の時期は、だいたいにおいて十一世紀以降であったと考えられます。なぜ変るかと申しますと、このころからその地域は特産物を生産することに重点をおくようになり、とくに羊を飼うとか大麻・亜麻をつくるとか、要するに単作化というか、特産物生産に切り換える集落が出てくるのです。個別主義的な特産物生産が主となり、従来の穀物生産は二の次になってしまう。

次の研究は、もう少し欲張って、なんとかして原初村落段階のスケールと、時代によるその変化をうかがう方法はないだろうか、という問題であります。言いかえますと、どのくらいの広さの中に一つの集落があり、そこにどれほどの人数が住んでいたかを知るすべがないだろうかという問題です。これはもうもっぱら考古学の成果に頼らざるをえません。素人の雑学ぐせを発揮して、そうした考古学の書物や論文を読みあさったのですが、幸いなことに、この問題にアプローチするいとぐちを見つけました。その一例を申し上げましょう。

ちょうど私が問題にしておりますゲルマン人が侵入し定住しました五世紀末から八〇〇年頃までの間は、彼らは火葬制ではなく、みな土葬制なのです。当時の有力な貴族や豪族の墓が、豊富な副葬品とともに、各地で発掘されていますが、そうした個別的な立派な墓とは別に、それぞれの集落の墓地が一定の山とか丘のところにありまして、これが家の格式その他に応じて順序よく木棺でならべられている。そうした集落墓地が、ヴュルテンベルク地方だけでも、だいたい七百八十ぐらい発見されていますから、ゲルマン人の住んだ全領域については、非常な数にのぼるものと思われます。ただ未発見のところが多いというだけです。そしてこの墓地は、その副葬品がどういうものであるかによって、比較的上位の者か下位の者か、富める者か貧しい者かが想像できるのです。子供とか男とか女の区別も、もちろんわかります。私はこのような墓地を「ライエングレーバー」(Reihengräber) と考古学者が名づけましたところから「行列塚式墓地」と訳しています。この墓地がつくられた時代は、いずれも、五世紀から八〇〇年頃までの間であります。また副葬品にはその当時の貨幣など、年代を推測する手がかりになるものも混っておりますので、どの順序でこれが埋められたかということが専門家にはわかるようであります。

行列塚式集落墓地の出土状況とその分布については、各地域でいろいろの研究が発表されていますが、それらの中でヴァルター・ヴェーク (Walter Veeck) がヴュルテンベルクの全域についてまとめたものが、最もすぐれた研究の一つであります。ヴェークはこの地域の現在の村境域図を示し、その中で行列塚式墓地の存在を立証できる集落の分布を図示しました。すると面白いことに、現在の一集落の中に二つの行列塚式墓地を持つものが若干数認められるのですが、ほとんどは一集落に一墓地であることがわかります。二ヵ所にあるのは、八世紀以後になって一つの集落に合体したものだろうと推測されます。

このような分布図から、いったい何が証明されるのでしょうか。私はいろいろ他の研究をも参考にして、次のようなことを考えました。その一つは、ヴュルテンベルク地方では、行列塚式墓地がある集落名には、圧倒的に「インゲン」(-ingen) および「ハイム」(-heim)

という語尾を持つものが多いということです。逆に行列塚式墓地が存在しない集落名には、インゲン、ハイムの語尾を持つものがきわめて少ないのです。村の古さと地名との相関関係を実にはっきりと示しているのです。

今日でもこの地方を旅行しますと、エスリンゲン、ディリンゲン、ワイプリンゲン、ロイトリンゲン、チュービンゲンというふうにインゲン地名が数珠つなぎに駅の名に出て来て、うっかりすると、自分の降りる駅を見うしなうほどです。またこのインゲン地名は、もう少し南のバイエルンなどになりますと、パーシング、フライシング、エルディングのようにイング（-ing）地名が多くなるのです。

ところが面白いことに、西南ドイツではそういうことが言えるのですが、もう少し北および東の地方、つまり古い時代にフランク族が定住した地域へまいりますと、今度はこれと同じような比率をもって、「ハイム」という語尾を持つ地名が行列塚式墓地を伴って圧倒的に多く分布していることがわかります。たとえばオッテンハイム、ゲルメンスハイム、ベントハイム、ヴェアトハイムなど、いくらでも挙げられます。これはまた、ヘム（-hem）となるケースもあります。

いずれにせよ、上述したような理由から、民族移動期の定住集落には行列塚式墓地があること、そしてその地名にはインゲンおよびハイムの語尾を持つものが、際立って多いことが証明されるわけであります。もちろん逆にインゲン、ハイム地名がすべて古い集落とは断定できず、後世に成立した村落でインゲン、ハイムの語尾をまねたものがあることも、ここで断っておかなければなりません。

さて次にもう一つ申し上げられるのは、行列塚式集落墓地の豊富な副葬品を時代別に分類し、同一世代の木棺数を統計的に処理することによって、集落の人口がだいたいどのくらいであり、それが時代を追ってどう変ったかを推測する作業が可能だということです。それを調べてみますと、結論として言えることは、六世紀の後半における一集落の人口というのは、木棺数の平均は四十ぐらい、戸数は四、五戸というまことに小さいまとまりであったと考えられます。ところが、これが七世紀の末から八世紀にかけて、ある特定地域では急に人口増加の傾向が見られ、平均して戸数が約二十戸ぐらい、そして人口も二百人から二百五十人が平均値だという集落がたくさん出現することがわかるのであります。その傾向が先駆的にあらわれるのがどの地域かということにつきましては、あとで詳しく述べるといたしまして、ここで指摘したいのは、ようやくこの程度のスケールになることにより、そこで初めてあのやかましい「三圃農法」という農業のユニークな形態をとることが可能となるのだという問題です。

だから七世紀の末から八世紀の末、この注目すべき時代に、すべてのゲルマン領域においてではないが、ある特定の地域に、農村の在り方に大転換があったであろうことが推測される。そこで私は、なんとかしてその大転換の中身を知ろうと思い、この時期における修道院や教会関係の土地台帳や寄進帳などを調べ、また先ほど言いましたフランク族の一支族サリ族の部族法典とか、とにかくいろいろな史料のなかに三圃農法が採られていたと推定される表現や字句がないかを、先学の研究に頼りつつ探してみました。そういたしますと、ちょうどその時期から、人の畦を知らない間にちょん切って、自分の土地にし、畦を細くしてしまってはいけないとか、畦を横切って自分の耕地に近道してはいけないとか、あるいは開放耕区があって、農民各自の持分が地条として混在していたことを示唆する記録がぼつぼつと出現することが立証できる。王の御料地や修道院の史料にまず先駆的にあらわれるわけです。そうしますと三圃農法の始まりは、一般に言われて来たようにそれほど古いものではなく、ほぼこの時期からではないかと考えました。

次に、それではその場所はどの地域であろうかと調べてみました。そうしますと、このことが証明される地域は、ほとんどすべてライン川からロアール川に至る地域、とくにセーヌ川の流域からマース川の上流域およびモーゼル川の全域にかけての地域であり、そこにあった四、五戸から十戸程度の古い村落が、急速に二、三十戸の立派な集村形態に変わることがわかる。そしてそれから一世紀ほど遅れて、今度は、前述のウェストファリアやフランドル地方にあった原初村落が、逆にだんだんと散村形態になることがいろいろな個別研究で証明される。

そういたしますと、三圃農法を採る集村形態をゲルマン人に固有のものだという前述マイツェンの前提は大きく崩れてしまい、歴史のある時期、すなわち七世紀の後半から八世紀の末にかけ、先駆的にライン、セーヌ両河にはさまれた特定の地域で、西ヨーロッパの中世的生産様式としての三圃農法を採る集村が成立したのだと言わなければならないこととなる。

もっとも、三圃農法が起ったからといって、一挙にヨーロッパにひろがったのではなく、だんだんと十三世紀にかけて、まずライン川の東部一帯とエルベ川流域へ、そしてまたイングランド東南部やユトラント半島基部へとひろがって行ったのであります。しかし南に向っては、せいぜいロアール川およびローヌ川上流の地域までで、それより南には集村がきわめて少ないのであります。これは地質並びにローマ時代からの伝統のせいであるように思われます。そして集村形態の地域に最も典型的な三圃農法と古典的な荘園支配の体制がつくられたのであり、そこでの農業の主目的は、何よりも麦類、つまり主穀生産であったことは、言うまでもありません。人口増加の原因もここにあったのであります。

ところがロアール川から南の方へは集村形態、すなわち三圃農法があまり普及しない。これは民族性のためではなく、地質が乾燥地で、深耕には適しないためだと思います。この地方で行われているのは現在でも無輪犂(むりんすき)であります。無輪犂というのは一頭の牛か馬に曳かせて、そのあとから人間が犂をあやつってついて行くというもので、耕作中の方向転換は簡単にできますが、生産性はきわめて低いのです。

一方、集村地帯ではほとんどすべて有輪犂であります。これは深く耕すことのできる非常に重い犂で、車輪がついており、四頭とか六頭の牛や馬に曳かせて耕作するものです。だから各戸がめいめいこれを備えることができませんから、いきおい共同耕作となるわけです。

なお余談ですが、人間が手でもって耕す時のスキは鋤という字を使うのが普通ですが、有輪犂であれ無輪犂であれ、役畜に曳かせるのは犂という字になるのではないかと思います。

イタリアのポー川流域のような肥沃なところは別として、一般に南欧地中海沿岸の地帯は、あの古代ギリシアの壺に描いてあるのと同じような犂がずうっと中世を通じて残っていました。今日でもその名残りを見ることができます。このように、集村形態と犂の型を比較してみますと、農業生産力が格段に高まるのは、言うまでもなく三圃農法を採る集村地帯だといえるわけで、そこへ支配が及ぶのが古典荘園といわれる中世ヨーロッパの代表的な所領支配の類型なのであります。それは先にも触れましたように、主穀生産に重点をおき、貨幣地代でなく、所領民の賦役労働(ふえきろうどう)によって、所領経営を遂行するしくみであります。これに反し、古典荘園のかたちを採らない小村や散村では、農民の個別耕作の傾向が強く、また領主へ納める貢租も、貨幣や特定の実物であるケースが多かったのであります。

以上申し上げましたような説明によって、三圃農法が可能であるようなスケールの、つまり二十戸か三十戸を単位とするような村ができるのは、歴史のある特定の時期における特定の地域での現象であって、決して民族性によるものではなかったということがおわかりいただけたものと考えます。このように集村化がおこなわれますと、前の原初村落のあるものは廃村になるわけです。ですから集村の周囲に廃村の遺跡が認められるのであって、もと住んでいたところが廃村となり、いちばん地の利を得たようなところに密集集落ができる。それを地理学では「バルング」(Ballung)という。「バルング」というのはボールになるということですが、団子を固めるように、有核化し、集村化することなのです。そして先ほど申し上げました古いエッシュ耕地などが、いっそう整備されて、一定の長さと幅をもつ短冊状の耕地をもつゲワンに変って行くのであります。

そこでもう一言触れておきたいことがあります。それは実はたいへん大事な問題だと私は思うのですが、先ほど申しましたように、現在の村境域を基準に考察しますと、そこには行列塚式古墳が出るところと出ないところとがある。出ない村境域はどういうところかというと、これは地質学その他の資料を調べるとわかるのですが、そこはみんな後世にできてきた開墾村落だということです。

つまり西ヨーロッパの三圃農法を採る有核密集村落、すなわち集村においては、スケールが二、三十戸になりますと、人口増加に対応するため、それと同じようなものをまた森や林や荒蕪地を開墾してつくり出すわけです。こういう現象が十一世紀の末から十二、三世紀にかけて非常にたくさん出てくる。こうして開墾村落、すなわち枝村ができますと、今度は本村と枝村との相互依存関係として、今まで森であったところに、両方からの入会地（いりあいち）ができてまいります。これがいわゆる「マルク」(Mark) なのです。だからマルク共同体などという概念によって、非常に原始的な制度があったかのように言われるのは、史料的にみて間違いで、十一、二世紀におこなわれた集村の分村化または開墾村落の続出という現象とともに出てくる制度だと言わなければなりません。これは学説史への批判として非常に重要な意味を持っております。

3　村落団体と荘園支配

繰り返して言いますと、このようにだいたいライン川からセーヌ川を含み、フランスを東西に流れますロアール川以北とイングランドの東南部、こうした地域に七世紀の末から八世紀にかけて先駆的に密集した集村ができる。それは一挙にそうなるのではありませんが、まず王の御料地や聖界所領にそれが見られる。そしてこの地域を基地にして、十二、三世紀にかけて、東のほう、北のほうへとそれがひろがってゆく。地質が似ているということも一つの前提条件だと思われます。

この変化が何を意味するかと言いますと、今までのゲルマン諸族は、何といっても農業のほかに牧畜がかなり重要な意味を持つ生活様式でした。ところが三圃農法を採る密集村落となりますと、牧畜の比重はだんだんと小さくなり、いわゆる穀作化への転換、すなわち穀物生産に重点をおく農業に変るのであります。そのためか、この時期において人口増加の現象が、特にこの基地から起り、まぎれもなく農業生産力が上がることになります。

それからこういう二、三十戸を単位とした農民の集団化、すなわち農地経営にみる共同体規制の強化が、否応なしに認められることとなります。そして共同体的規制の強い村落に荘園領主の支配が及ぶこととなるわけですが、ここで注目しなくてはならないのは、荘園支配はあくまでも村落団体に対する二次的な支配関係だという点です。言いかえますと、領主が一方的に自分の領民を勝手に収奪できないしくみであり、農民の共同体が創り出した村方のしきたり、その農地の運営方法などを無視することができず、いわばその上に乗っかった支配だということになります。

次にもう一つ指摘しておきたいことがあります。それは前述した西南ドイツの地域で、行列塚式墓地のある古い村で、八、九世紀の頃に集村化した村落共同体の平均的な広さが、どの程度のものであったか、という問題です。私はこれを考古学の成果と現在の地図とを照し合わせて丹念に調べてみたのですが、その結果、だいたい一つの村の平均面積は二十平方キロ、その村境域の中に森林や荒蕪地や耕地、それに二、三十戸の農民家屋敷と菜園地が含まれていることがわかりました。このスケールの広さ、そしてその戸数の少なさは、日本では想像もつかないほどです。東西四キロ、南北五キロといった地域にわずか二、三十戸が核をなして密集しており、その人口も種々の階層のものを含めて、三百名前後と推測されるわけです。また人口増加は、森林や干拓地にできる新しい村の建設となってあらわれるわけですが、一村落のスケールは、だいたい十三世紀になっても、この程度のものが圧倒的に多かったのであります。ですからこれが三圃農法を採る集落の適性規模であったと言わなければなりません。

ここで荘園支配のしくみと、領主支配と村落団体の関係についてお話すべきですが、この問題は地域により集落形態によって非常に込み入っていますので、このセミナーでは省略させてもらうことにいたします。そのあらましは、たくさん刊行されています一般経済史の概説書をお読みいただきたい。

4 特産物生産地域の顕現

さて、上述した特定地域で原初村落の集村化現象が起り、主穀生産に重点をおいた古典荘園支配の体制が普及してまいりますと、そうした地域に接した周辺地域、たとえば今日のオランダ、ベルギー、フランドルの地域においては、逆に既存の原初村落が小村または散村の形に転化し、その地質や気候などの地理的条件、並びに支配権力に適合した、いわば個別経営的な特産物生産に重点をおく傾向が出て来ました。これはたいへん面白いことで、そうした地域では羊を飼って、羊毛を売却することを主業とする農村が多くなってゆくのです。またスイス、ドイツ、オーストリア三ヵ国と境を接しておりますボーデン湖という湖がありますが、あの湖畔からチロールへかけての山岳地帯、あそこにも小村形態をとる開墾村落が多数できるのですが、そこで何を作付けするかというと、主として亜麻と大麻なのです。穀物生産があり余るというわけではありませんが、生産力が上がってまいりますと、みんな同じように穀物を生産するよりも、他の特産物をつくるのに適した地質のところでは、それをつくり、その特産物を売って穀物を買うほうが有利だという自覚が出てくるわけです。特に荘園領主の支配が弱い小村や散村ではこの傾向が強いのです。

今日でもシュワーベンとかスイスなどに行きますと、ベッドのカバーなど、日常の家庭用品がほとんど麻織物になっています。その起源は遠く十一世紀頃で、いまだにその伝統が残っているのです。これが十五、六世紀になりますと、麻と綿との混織の「バルヘント」という織物に変るのですが、そのことについては、またあとで触れることとなるでしょう。

そういうとすぐお気づきのように、古典的な荘園支配のしくみを持つ地域は、七、八世紀から漸次に先進性を帯びた主穀生産の本場であったのですが、十一、二世紀に入りますと、今度はその周辺のところで、特産物生産に切り換えてゆく地域が発生し、そういうところのほうが、むしろ商品生産をめざすという意味で、先進性を持つこととなるわけです。そしてあたかもそれを証明するかのごとく、特産物生産の場所と古典荘園地域との接触地帯に、十一世紀の末から十二、三世紀にかけて、雨後の筍のごとく市場開催の場ができ、そこがやがて中世都市になってゆくのです。中世都市は、そのほかの理由からも発生しますが、ここで申したことも一つの大きな原因であります。

このようにして、ヨーロッパ全体の経済構造の重心が、七、八世紀から十一、二世紀にかけ、地中海沿岸ではなく、アルプスを越えた北のほうに移行し、そこにおける農業生産力の増強と特産物の交易が、全体の商品流通の場を形成する基盤となる。ヨーロッパ経済は、ここから再出発するといっても過言でないような気がいたします。

5　東ヨーロッパ農村との比較

ところが、ここに非常に面白いことが指摘できますので、そのことについて、ちょっと述べておきましょう。それは西ヨーロッパと同じように麦をつくり、同じように畑作中心である東ヨーロッパ、とりわけロシアを中心にした広大な地域の農村を見てみますと、その地方の農村に三圃農法が採り入れられるのは非常に遅く、その普及はおそらく十九世紀に入ってからではないかと思われます。それ以前は焼畑耕作と穀草経済といわれる経営法で、自然に生えてくる草原を開いて、そこの土地の力がなくなると、また別なところを耕すという、非常に粗笨（そほん）な耕作でありまして、ある経済史家は十六世紀までは農業生産力を上げるような技術や経営の改良の兆（きざ）しがほとんど見られないと説いています。十六世紀というとピョートル大帝が出るちょっと前ですが、そのピョートル大帝あたりから、ごく一部の西ヨーロッパに近い地方に三圃農法が入ってくるようです。しかしそれがなかなか普及しない。

なぜ東ヨーロッパに、西ヨーロッパのような村落共同体や生産力の向上がみられないのかという問題については、いろいろのことが考えられます。まず古くはここにはビザンツ帝国の制度が色濃く残っていて、下からの自生的な共同体の発生が押しつぶされていたことが挙げられます。国家権力の強さもスケールも西ヨーロッパとは質的に異なるものがあったのです。そこへ十三世紀には、ご承知のモンゴル族が入って来まして、キプチャク汗国を建てる。そうすると今度は強制的に、いくつかの村を単位として、それに上から一方的に税を割り当てる方策をとりました。だからローマ時代に似た租税請負者も出て、それが農民を収奪することとなります。

その他いろいろな理由で、農業技術が東のほうでは一向に改良の気運が生れない。のみならずセミナーの最初に申しましたように、ロシア地域においては一次産品が流通物資の中心であって、現地での工業製品は皆無に近い。もっとも東欧といってもポーランドなどはだいぶちがいますが、それから東へまいりますと、いちばん重要なのは毛皮です。それから中世を通じて外国に出たのは奴隷・蜂蜜・蠟・木材・琥珀(こはく)などです。しかも毛皮は、貴族であり特権商人でもあったものが、特許を得て広大な森を独占的に支配し、そこで奴隷に近いような隷属民を使って狩猟させて、商品化するというやり方です。いずれにせよ、国外に出る商品は一次産品だけだったのです。

そしてその見返りで入ってくるのは、ご承知のように東方や南方の贅沢品、あるいは西ヨーロッパの工業製品でした。これらの多くはコンスタンチノープルなどを中継してアラビアやシリアの商人によってもたらされ、またロシアの貴族的な大商人が独占的に取引したわけです。そしてそうした奢侈品は村落の頭越しに、もっぱら貴族階層のために行われたのであって、一般民衆のあずかり知らぬ通商でした。

私はこの点に問題があると思います。と言いますのは、この現象を日本の例で申せば、それはちょうどオランダの商品が出島を介して江戸へもたらされたとか、もっと遡れば中国のすばらしい工芸品が古くから日本に入って来ているというようなもので、これを根拠にその当時から通商交易が盛んであったというのは、いわば皮相な判断だからであります。その当時オランダの商品や中国の工芸品を買えるのはごく一部の特権階級だけであって、それこそ村落の頭越しの通商であり、交易にほかならなかったのです。

私どもに大事なのは、そういう形の商業交易でなく、西ヨーロッパ社会でみるように、穀物生産に重点をおく地域と羊毛・大麻・亜麻、あるいは葡萄の生産に重点をおく地域との相互関連ができ、そこに在地の手工業がおこる、そしてその結果として交易の場、すなわちマーケットが続出するという現象であります。葡萄の栽培は十一世紀の末まではどこの村でもおこなわれ、酸っぱいまずい葡萄酒を村人は飲んでいたのですが、十一世紀の後半以降になりますと、どこ産の葡萄酒がよいというふうに特産化の現象が出てくる。それから着るものも、荒い粗布はどこのがよい、フランドルの毛織物一つをとってみても、イープルのは何色がよい、ガンのは赤色の薄手がよい、ブリュージュのは何が特徴だということが、すでに十二世紀になると俗謡となって一般民衆に知れわたるようになります。そういうふうに、同じ商品でも品質によって特産化してゆく。しかもそれが村落の頭越しではなしに、農村における主穀生産と交換するための原料生産であり、同時にまた手工業の拠点を形成し、交易の場を創出してゆく構造変革の作用を持っているのです。これが十一、二世紀にみる西ヨーロッパの大きな特色であります。

これに対して東ヨーロッパ、ことにロシアにおいては、村抱えの職人がたくさん出ているのですが、それが手工業都市に発展することなく、いわば窓口をなくした村境域の内部に釘付けされた形になってしまうのです。たとえば村抱えで屋根ふきもおれば、鍛冶屋（かじや）もいる。大工もおれば靴屋もいる。いろいろな手工業者がいるのですが、「マーケッタビリティ」を持たないで、市場に窓口を開かない村の枠内で、伝統的に存続しているに過ぎない。ですから表現は悪いが、化石化した自給自足的な農村が、無数にあの平原に散在するわけで、そういう基盤が十六、七世紀からずうっと続いている事例が多いのです。現在おこなわれているコルホーズのようなものも、上述のような伝統的基盤を前提しているように思われます。こういうところでは、商人や手工業者の、下からの自由な結合体は生れる余地がないのです。

話が少し飛んでしまいましたが、これは実は次に都市というものの成立を説明するいわば伏線のつもりでお話をしているのです。要するに東ヨーロッパでは経済構造として、その生産物のあり方が西ヨーロッパと違い、外へ出すのはもっぱら一次産品であり、買うのは貴族階層のための贅沢品である。したがってその地方で産出する原料による在地のインダストリーというものがおこる余地がないということになります。

ところが西ヨーロッパの場合には、羊毛・亜麻・大麻にしても、そしてまた葡萄酒にしても、その他のガラスや金属製品にしましても、そこで生産する原料を加工し、それを市場に出すという形をとるのですから、需要は貴族のためではない。一般庶民の日常必需品であり、しかも村や町を総ぐるみにして、だんだんと高まりゆく交易体制の中へ組み入れてゆくという形をとる。ヨーロッパの東と西では、すでに中世においてこういう大きなちがいのあることがわかる。

この興味ある問題はこの辺で打切りまして、さて、最後になりましたけれども、農民の団体意識について申し述べてみましょう。それはいちばん始めに言いましたゲルマーネントゥームの問題であります。これは非常にむずかしい厄介な問題ですけれども、ローマ世界との対比において、ゲルマン世界の農民の団体意識につき、その一例だけを申したいのでありまず。

その結論を先に言いますと、アルプス以北の村においては、農村に対する荘園領主の支配というものは、上からの一方的支配が、絶対的な形では及びえない構造をとっているという点であります。なぜかと言いますと、特に集村の場合には、村というものが先にできて、そこが共同耕作を行い、共同体的な性格が非常に強いものの上に領主の支配が及んで行くわけですから、領主は封建関係でその村の土地を所領とし、あるいは寄進によって特定持分の土地の収穫高を取り上げ、またあるいは賦役を課すことができるようになっても、それはあくまでも村落共同体の運営に乗っかっての支配なのであります。

よく封建領主については、わが国の歴史で、泣く子と地頭には勝てぬというのと同じように、ヨーロッパでも飽くことなき搾取(さくしゅ)とか収奪というようなことをいいますが、先ほど申しました十五、六世紀にたくさん出てくる村方判告録の内容を見ますと、そう簡単にはいえないことがわかります。村方判告録は、いちばん古いものになりますと、十二、三世紀から出てくる。先駆的に出てくる判告録は当然ラテン語で書いてある。だんだんと時代が下がりますと土地の言葉で書いていますが、そういうものを見てどんな裁判がそこで行われているかを調べてみますと、それぞれの荘園領主といえども、入会地、たとえば森の木を自由に勝手に伐ってはいけない。ましてや売るためにそれを伐るということは絶対できない。領主が自分の館のために必要な材木なら伐れる。何本伐れるかということまで、村寄合で決めている例さえあるのです。要するに一方的、恣意的に命令して農民を搾取するという体制が認められないのです。これは一つの例ですが、もちろん村人が選んだ村長、それから領主側の役人というものが立ち合って裁判しているのですけれども、その基礎になっているのは、あくまでも村人の集団といいますか、共同体なのであります。

それはちょうどゲルマンの古代において、王に無限の権力なく、国家の意思は民会の決議で決まる、というあのタキトゥスが書いている名句のように、それを構成しているメンバー全体の意思がいちばん大事なのです。だから支配というものに対しては、ローマ人の考え方のように、それが一方的に上から出てくるのではなくて、それに対して必ず団結といいますか、団体といいますか、そういうものが押し合いの形で両者のバランスをとるという考え方であります。これにはいろいろな議論がありますが、この関係のことを、「ヘルシャフト」(Herrschaft)と「ゲノッセンシャフト」(Genossenschaft)の関係といいます。ここの説明がまた法理的にたいへんむずかしいのですが、たとえばローマの場合には、皇帝の言葉は即ち法である、といわれるような絶対的・一方的な支配、それからローマ人の場合にはローマ法が示していますように、たとえば土地所有権というものは、その地面の下、地球の中心から天空に至るまで自分のものだ、つまり私有という概念が徹底して個人の所有権という形で考えられている。そこでは公私の区別がはっきりしている。そしてまた、たとえば法人というような考え方、村なら村というものは法人格を持っているというときには、個人を離れて、村が法人格となってほかと交渉することができる。村というものを、個人を離れた別の法人格であると考える。個人は、どこまでも私権の主体としての個人である。そういう考え方がローマ法にはありますけれども、ゲルマンの場合にはそうした区別の意識はなく、団体生活においては公私の区別がないという法意識なのです。

それは村方判告録の中によく現れています。たとえば十世紀の史料にこういう事例があります、すなわち「その村で」という際に、「イン・イロ・バンノ」(in illo banno) という。このbannoはもともとゲルマン語です。そのほかはすべてラテン語。この場合、「バン」というのは「ツウィング・ウント・バン」"Zwing und Bann"といいまして、強制と禁制といいましょうか、何々すべし、何々すべからず、という命令の意志を示すことばなのです。ですから十一、二世紀になりますと次のような言い方をします。"in der von X Zwing und Bann"これは「X村において」という意味ですけれども、何を表しているかと言えば、「強制と禁制」、つまり何々すべし、何々すべからず、という団体意志の及ぶ範囲ということで、それがすなわち「村」のことなのです。ラテン語の場合には、村という際は、marca, fines, villa, terminiなどという土地の広がりまたは境域を指す語を使う。ですからラテン的感覚における村落というものは、地域の広がりの単位なのです。ところがこれに反し、ゲルマン人にとっての村というのは、村民全体が一緒になって、何月何日からいつまでは家畜が耕区に入らないように囲いをするとか、何日には共同して種を蒔き、何日にはやはり共同して刈り取らなければならないというふうに、いろいろな団体的規制の下に立つ生活基盤であるわけで、そうした団体意志の妥当する限りが、村なのです。だからそれを表すのに、「強制と禁制」という意味の表現を用いる。

したがってゲルマン的な村は、耕地持分は各戸によって大小まちまちであるが、その運営には、団体規制が非常に強い。まして入会地の利用は、絶対に勝手にはできないしくみになっているのです。それゆえ、村を出た不在地主というものは考えられない。これは公私未分の状態とでもいうべきであり、村を出てしまってそのメンバーでなくなると、何の権利もなくなってしまう。そういう団体意識こそ、まさにゲルマン的な考え方のあらわれだと思います。

これが村の実態でありますから、先ほども申したように、領主が上から勝手に無制限に森の木を伐ったり、自由に馬場をこしらえたりすることはできない。村、すなわち“Zwing und Bann”の中心にある菩提樹の下での村の集会、寄合で決めなければならない。領主も役人も含めた村びと全体の集会で決めなければならないのです。

そういう団体意識のあるところへ聖俗両貴族、つまり支配階層の側から入ってくるのがローマ法の思想であります。これがゲルマン法とローマ法の確執となって、十二世紀に非常に面白い法意識の争いが起ることになる。たとえばローマ法を習った人を利用して、何とかして農民をもっと強く支配したいとか、入会地を自分のものにしたいといったいろいろの意欲を持つ支配階層は、土地に対する新しい法理をつくり出そうとします。そこで出てくる一つの事例は、キリスト教的な思想をもとり入れて、「グナーデ」(Gnade)、恩恵という考え方を強調することになります。神の恩寵思想が、領主の恩恵に転化する。これがくせものなのです。日本でも徳川時代には御国恩によって渡世まかりあり、冥加至極に存じます、というような表現を盛んに使いましたが、とにかく恩恵によって村びとたちに入会権を使わせてやっているのであり、本来はそれは領主のものなのだというロジックを、領主の側からつくり上げていったのであります。

さて、入会地の森林があるとしますと、そこで鉱石が発見されるといったケースが、十四、五世紀になりますと、たくさん出てまいります。そうすると鉱山業をはじめるためには木材の燃料が必要となります。そこで領主は、本来自分のものであった森を、今までは恩恵によって木を伐らせていたが、これからはそれを許さないという主張になります。そこで入会地に対する領主の侵略というものが、千差万別の形をとって出てきて、それに対する局地的な農民暴動が無数に各地にあらわれることとなるのです。それは要するに、古き良き法であるゲルマン的な団体意識を守りぬこうとする民衆の反抗・叛乱にほかならないのです。そしてそれがあとで他の要因を伴いつつ最大規模に爆発するのが、ルターの時代のあのやかましいドイツ農民戦争であります。

《質疑と応答》

問　昔ゲルマンとローマとの国境みたいなものがあったようですけれども、それが後に消滅してしまうのではないかと思うのですが。

増田　ローマ時代には、いわゆるリーメスによって国境線が区切られ、リーメスの無いところは自然の大河が国境をなしていました。また陸続きのところでは、おそらく境界を示す石などがおかれていたと考えられます。帝国内の貴族の大所領でも境界を示すものがあったと思います。

しかし中世になりますと、封建諸侯貴族の支配領域が、地図で示すような線ではっきり区切られていたとは考えられません。ところが、今も申しましたように、村落団体が集村なら集村、小村なら小村として共同体意識を強めてまいりますと、村境に石をおくという風が一般化します。その石のことを「ツウィング・ウント・バン・シュタイン」と呼び、夜回りまでするようになるのです。領域を見て回るという慣習が出てきます。都市になりますと、これがいっそうはっきりしてきて、いわゆる夜警の制度となるのです。そう言うと、それはやはり地域の広がりであって、ゲルマン的ではないではないかと言われるかもしれませんが、そうではなく、村落を示す表現が強制と禁制の及ぶところという意味を持っている点が、ローマとまるでちがうということを強調したいのです。だからそれは面積で考えていないということです。

問　表現が適切ではないかもしれませんけれど、ローマン・カトリックがいつの間にかヨーロッパを支配しているみたいな形に読めるのですけれども、そんな簡単なものであったのかどうか、どうも疑問を持つのですけれども。

増田　もちろんそんな簡単なものではありませんでした。それはだいたい六世紀から八世紀という、先ほどいったフランク王国のメロヴィング王朝の時代の布教の姿を考えると、面白いことが言えます。それはバーバリズム、表現は悪いが教会の野蛮化という現象であります。あるいは通俗化といった方が良いかとも考えます。それはキリスト教の聖者の物語、あるいは奇蹟、聖人の伝記、そういうような話を多く取り入れまして、ゲルマンやケルトの民間信仰と結びつけてしまうのですね。そして巧みにカトリックの教えにするので、民衆はむずかしい教義の理論などは全然わからない。およそ宗教がひろがるというのはそういう形をとるのではないでしょうか。

仏教でもそうでしょう。仏教のお経の解釈など、われわれは知らないけれども、なにか「羯諦羯諦（ギャテイギャテイ）」などと言うと有難いような気がする。だからカトリックの側もゲルマンやケルトの持っていた伝説や言い伝えやいろいろなものを取り入れて、キリスト教の教えを民衆にわかるようにする。たとえばゴシックの建築がそうでしょう。あれはこの前も言ったと思いますが、いろいろな絵や彫刻で教会を飾る。ミラーノのドームやケルンの大聖堂などに行きますと、いっぱい彫刻があるのは、あれは目に訴えての説明なのですね。聖書の物語などみんな読めないから、教会へ行けば、目に訴えるものによってその有難いお話がわかる。いわば教会は学校の役割をもっているのです。馬小屋でイエス様が生れた。東方の博士がやって来たとか、そういうのはみんな出ている。そういう形で民衆に親しみやすく入ってゆこうとする努力がうかがわれます。

また西ヨーロッパの全体が一挙にカトリックになったわけではありません。たとえばデンマーク、スウェーデン、ノールウェーの地方にキリスト教が民間の日常生活に入って行くのは非常に遅れ、まず十一、二世紀頃だと思います。ただし貴族はそうではなく、もっと早かったようです。またフランク王国のような西ヨーロッパの中核部においても、たとえばカール大帝の八、九世紀の勅令などをみますと、日曜は労働をしてはいけないとか、大きな樹木を拝んではいけない、あるいは巨大な石を拝んではいけないなどといった、ゲルマン的な生活様式や自然宗教の風習を禁止する勅令が繰り返し何度も出ている。というわけは、それだけ民衆の生活感情には、ゲルマンの伝統が根強く生き残っていた証拠であります。

ただ、ここではっきりさせておきたいのは、キリスト教の伝播のしかたが、ローマ時代と中世では、まったく逆であるという点です。ローマでの伝播は、いわば、しいたげられた下層民からなされたのですが、中世ではもっぱら貴族の改宗から普及したのです。したがって一般民衆の受け取り方は千差万別であり、特にスカンジナヴィア地方では、非常に後世までヴァイキングの風習が残ることとなったのです。この問題はまた、のちに宗教改革によるカトリックとプロテスタントとの分布を考える際にも、考慮すべき点であると思います。

問　先週お話いただいたことのなかに、ゲルマン民会のことが出てきました。民会は武装能力のある男子によって、今日における民主主義のような形をある程度とっていたということでした。ゲルマンというのは比較的身分階層がはっきりしていたと思うのですけれども、今日でいう一人一票という言葉で表していいかどうかわからないですが、すべての階層がいろいろな権利というか、能力を行使できたのでしょうか。フランス革命では、民会は階層によってかなり投票権の持ち数がちがったように思うのですけれども、そういう形で身分によってちがったのか、あるいは今日のような形で平等であったのでしょうか。

増田　それは、今日のような意味での平等であったとはとうてい言えません。民会に出席できるのは貴族と自由民だけで、いろいろの経過で征服され、服従したもの、およびゲルマン的意味における奴隷は武装能力がありませんから、当然これには出席できません。自由民という概念は、実はその場合には貴族を含めているわけです。貴族と自由民の成年男子が民会を構成している。ただ一つ問題なのは、八、九世紀の史料からうかがえるザクセンの、あの前述したマルクローの聖地における部族代表の総会のやり方であります。ここではザクセンの三大地域、すなわちオストファーレン、エンゲルン、ウェストファーレンから、それぞれエーデリンゲ十二人、フリリンゲ十二人、リティ十二人ずつ、したがって三十六人の三倍、百八人が集って会議を行うのです。この代表がどのようにして選定されるのか、史料的に不明ですが、これが可能だということは、身分制がかなりはっきりしていたと言わなければなりません。これに類した集会は、ずっと後世までフリースラントなどに残っていました。

いずれにしましても、ゲルマンの民会は今日の民主主義や議会制に直結するようなものではなかったが、しかしその精神はアジア的、あるいはローマ的な意味での絶対的な権力者による一方的支配というようなものの行われる余地のない世界であったといって間違いではないと思います。しかもそれは家柄・血統を重んじ、支配者の力量が重視されるものであったのです。ですから、もし移動中、戦争や病気で王や首長が死にますと、その遺族のなかに直ちにその代りをする人物がない場合は、わざわざ北方の部族の本拠地まで使者をつかわして、その血統の後継者を連れてくるというような事例も史料で証明できます。

第四講　西ヨーロッパ中世都市の特色
十一―十三世紀

市場の魚屋

1 いわゆる「商業の復活」現象の背景——市場定住

最初に、例によって前回のまとめのような話をいたしますと、だいたい時代から申せば七、八世紀から十一世紀頃に至るまでのヨーロッパにどんな変化が起ったか、というお話をしたわけです。この時代は、ほとんどが農業に重点をおいた時代で、ローマ帝国が盛んな時のような国際交易は非常に衰え、そのかわりに封建制度ができてくる基礎としての、農民支配の体制ができてきた時代に当っております。したがって七、八世紀から十一世紀にかけての農村の変化をどう捉えるか、という話をした次第であります。

そこで、よく高等学校の教科書などにもありますように、ヨーロッパの中世農村の特色は三圃農法を採る村落であったというのが、通説となっているのですが、私はこれに疑問を持ちまして、どの地域で、いつ頃、どういう状況の中から三圃農法を採る村落ができてくるのか、という問題を執拗に調べてみました。前回はその研究方法の楽屋裏のようなお話をしたわけで、その結果、そのような村落、つまり集村はある特定の時期に、特定の地域において、先駆的にあらわれ、それがだんだんと十一、二世紀にかけて拡がってゆくことがわかったのです。ごく大ざっぱな話ですが、三圃農法を採る地域を西ヨーロッパ全体で見ますと、約三分の一くらいの地域ではないかと推定しております。すなわちイギリスの東南部から、ライン川、それからロアール川に挟まれたところ、ことにセーヌ川とライン川の間に最も早く出てくる。そして南のほうへはあまり拡がらない。それに反して、ライン川から東および北に向っては、どんどん拡がっていく、ということが立証された。

その結果、そうした地域の農業生産力が上がりますと、当然人口増加が可能になってまいります。いままでのような粗放な、焼畑耕作、あるいは地力がなくなるまでその土地を使ってまた他の土地に移る、というようなやり方ではなく、恒常的かつ計画的な形の耕作が行われることとなる。古典荘園支配というのは、まさにそういう村落の上に臨む最も適合的な形態であったわけです。

しかし、すべてが古典荘園の形をとったのではなく、そうならないところもある。そうならないところは、古い形の団結のゆるい小村または散村形態をとるのですが、こういう地域では、農民の団結力というか、村落の規制が弱く、したがって個別経営の可能性がある。こういう事情から、古典荘園でないところに、特産物生産が発生するチャンスがあるわけです。いまでもシュレスウィヒ・ホルシュタインの地域からフリースラント一帯へ行きますと、散村形態が多くみられます。その多くは干拓によってできたものであります。干拓村では埋め立てたところへ規則正しく幾十もの「プリール」(Priel) と呼ばれる溝を掘りまして、家畜がとび越えられないようにし、自分の持ち分のところにめいめい自分の家を建てて、そこに羊を飼う、というようなやり方がとられています。こういうやり方は、いまでも昔のままに残っておりますが、これはだいたい十一世紀頃からできてきたものであります。

こうして主穀生産に重点をおく古典荘園地帯と、特産物生産に踏みきる散村または小村地帯とができてまいりますと、これをとりもつ場がいうまでもなく市場都市であります。それで今日は前回につづきまして、西ヨーロッパ中世都市の成立とその特色という問題について考えてみたいと思います。すなわち西ヨーロッパでは十一世紀までの間に、農村が東ヨーロッパとはちがった形に発達してきたということを想定しながら、そこで新しい要素として商工業が興る事情の特徴について申し上げたいのです。したがってその時代としましては、だいたい十一世紀の末から十三世紀の末にかけての時代で、この前お話したのに続く時代にどういう変化が起るかということです。

この時代の経済的変化のことを、経済史の方では「商業の復活」と普通呼んでおります。“revival of commerce”という言葉をクォーテーション・マークをつけて使い、いまではその内容が自明のことになっておりますのは、実は、この言葉をベルギーの歴史家のアンリ・ピレンヌが盛んに用いたからであります。前にもちょっと申しましたように、ピレンヌの構想では、イスラムの侵入によって、地中海の統一が破られ、ローマ以来の商業交易が途絶えた。それが再び復活するのが十一世紀からのことである。だから中世都市の成立を考える際には、どうしてもこの十一世紀からの商業の復活現象を重視しなければならないというわけです。この考え方に対していろいろな異論があるのですが、大筋からいいますと、ピレンヌの構想はやはりすばらしいというべきでして、瑣末な反論の多くは蟷螂(とうろう)の斧(おの)といった感がしないでもないと私は思います。

商業の復活が十一世紀に興るということの背景にはいろいろなことが考えられますが、まず政治情勢を見ますと、これは皆さんもすでにご存じの通り、ちょうど十世紀の中頃以降になりますと、西ヨーロッパには、外敵の侵入というものが途絶えてしまう。すなわち南から来るイスラム、東から来るハンガリー族の侵入、これはオットー大帝の時、九五五年、レッヒフェルデの戦争で、ハンガリー族は敗れ、そこらから西へは入らなくなる。それから、北からはヴァイキング、すなわちノルマン人ですけれども、彼らはだいたい八〇〇年頃から、どんどん西ヨーロッパ、フランスの海岸へ、天日塩などを取りに来ていたのであり、十世紀にかけて盛んに各地を略奪しましたけれども、これがしだいにキリスト教化の波の中へのみこまれてしまって、あちらこちらに定住し、時には国を建てることになります。こうしてノルマン人は、異教徒としてキリスト教徒と戦うということがなくなる。そうなりますと、イスラムだけが異教徒としてキリスト教世界とするどく対立するという情勢になるのです。このようにして、十世紀の後半になると、西ヨーロッパにはキリスト教世界としての一応の平和がもたらされることになります。

　ただしその時に面白いのは、一般に西ヨーロッパの商業交易が衰えていたのですが、そこに次のような例外の地域があったということです。その一つは、北イタリアのヴェネチア、南イタリアの沿岸にありました一時期ビザンツ領であった諸都市、すなわちアマルフィ、ブリンディシ、ガエタ、バリなどで、今でも残っている町です。これらの商業都市では、イスラムの侵入によっても、さほど妨げられないで沿岸貿易によってビザンツ帝国、特にコンスタンチノープルとの交易が営まれていました。

それからもう一つは、北から来たノルマン人の一派がロシアに入りまして、ドニエプル川やヴォルガ川に沿って、ずうっと南に下り、黒海へ出て、ビザンツの商業と関係を持つということになりました。ヴェネチアや南イタリア都市を中心とした、南からするコンスタンチノープルとの関係と、ノルマン人を介しての北からするコンスタンチノープルとの関係という二つのルートで、ヨーロッパ以外の商品が入ってくる道が、細々とではありますけれども、西ヨーロッパを南北から抱え込むような格好でできていたわけです。ことにノルマン人の商業路は考古学的にたくさんの裏づけが出ておりまして、アラビアの貨幣がバルト海の真中にあるゴトランド島のウィスビーという町の遺跡からたくさん出土していますし、逆にバルト海産の琥珀が、商業路に沿った要地に出土しているので、その辺の事情がよくわかります。

それから、西ヨーロッパで、南と北を仲介する中心地の一つは、現在のリューベックのちょっと北にあるシュレスウィヒのあたりでした。「シュレスウィヒ」という名称は、「スリアス」という川の傍にできた「ウィク」という意味でして、「ウィク」という語尾をもつ地には商取引の場所が多かったのです。シュレスウィヒのすぐ近くに昔ハイタープと呼ばれた町の遺跡がありまして、私も行ってみましたが、現在は麦畑になっています。ここには立派な遺跡や出土品があって、ノルマン人の商業の大きな根拠地であったことがわかります。南と北とにこのような状況があったものですから、ひとたび平和が確立いたしますと、こんどは西ヨーロッパの内部での商業の復活を刺激することとなったのだと考えられます。

次に、西ヨーロッパ内部での事情といたしましては、穀物の生産量が増大しますため、その余剰生産品である穀物と、特産物、すなわち羊毛・大麻・亜麻・葡萄酒などとの交換、あるいはローマ時代からの技術が残っておりますライン沿岸の諸都市における陶器・ガラス製品・金属製品、そうしたものとの、ローカルな形ではありますけれども、交換の場所が必要になってまいります。

だいたい十世紀の後半から市場の開設という現象が各地に起ってきて、皇帝や国王の特許状が続出することになります。しかし市場の開設はそれ自体都市に成長するとは限らない。市の立つ日が終ってしまえば、それですんでしまうわけですから。ただ、教会や修道院のあるところでは、これはかなり恒常的に、そこで何曜日には必ず市が立つ、というようなことがおこなわれました。

以上申しましたように、内外でいろいろな条件が整ってまいり、外敵侵入の不安もなくなるという時期、すなわち十一世紀の後半から、そういう市場を目当てにして、しかも日常の野菜とか、パンだとかという取引ではなく、遠隔地の特産物を仕入れて、また遠隔地へ売り歩くといういわゆる遠隔地商人の輩出する気運が醸成されるのです。それ以前には、遠隔地商人といわれるものは、おおむねユダヤ人やシリア人といった異教徒でした。ただ例外として、フリースラント人など北海沿岸のキリスト教徒が考えられますが、十一世紀の後半からは、内陸各地のキリスト教徒の中から、隊を組んで、馬の背や川船に商品を乗せて遠隔地相互の特産物交易を引受けるというタイプの遠隔地商人があらわれて来たのであります。

こういう新しい型の商人がどういう階層から出てくるかという問題、これはたいへんむずかしいのですが、たまたまゴドリックという人、この人は後には聖ゴドリックと呼ばれるのですが、十一世紀の頃にたいそう長生きした人で、イングランドの東海岸の貧しい農民の子であります。このゴドリックが、少年時代には毎日海岸に出ては、岸辺に打ち上げられてくる漂流物を拾って、それを売ってごくわずかな金を稼ぎ、それを元手にだんだんと小商人に、そしてやがて遠隔地商人に成り上がってゆく、その伝記が残っています。何故その伝記が残ったかといいますと、彼が大商人になって、遠隔地貿易をやるものですから、エルサレムに行ったり、ローマへお参りしたりして、しまいには船を何艘も持つほどに成功したのですが、面白いことに、その晩年には、自分の全財産を修道院に寄進しまして、そして自分は隠者のような生活を送った。そのような奇特なおこないのために、その伝記が残ったわけであります。

そういう事例があるものですから、先にも述べたピレンヌという歴史家は、だいたい資本主義の成立などというものに、理論的・一義的な系譜などあるものではない、資本家になるというのは、たまたま成功したゴドリックのような成り上がり者なのだ、インテリジェンスに長じたものが時代に適合して成り上がってくるのだ、ということを強調するのであります。他にもゴドリックに似た成り上がり者はたくさんいたのでしょうけれども、伝記でわかるのはこれ以外にないわけです。

ゴドリックのような商人があちらこちらに出てまいりますと、遠隔地商人の溜り場とでもいいますか、とにかく遠くへ持ち運ぶ商品の倉庫がなければならず、宿泊所が必要であるところから、彼らはだんだんと市場のある場所に集って来て、やがてそこに定住する、という現象が起るのです。どういうところに定住するかと言いますと、いろいろなケースがありますが、たとえば、教会・修道院の近傍、あるいは俗界貴族の居城、すなわちブルクの近傍という場合が最も多かったようです。司教や大司教のいるところや修道院のあるところには、たくさんの聖職者がいますから、それらの人たちのための小商人や手工業者が、いわば従属的な形で住んでいました。十一世紀になりますと、そうした場所に接近して、主として遠隔地商人が居住する場所が新たに成立することとなるのです。

もう少し具体的に言いますと、教会・修道院あるいは封建諸侯のブルクのすぐそばには、古くから小商人や手工業者の居住区が従属してできていた。ところが今度は、それとは別個の、しかもあまりかけはなれていない場所に遠隔地商人の居住区ができ、そこが市場の中心のようになってゆくのです。ですからその場所は、遠隔地商人の活動に便利なところが多いのであって、大きな川の河川敷とか、主要な道路の交叉点とかが選ばれました。またそれが聖俗両界の領主の本拠に接近しているのは、言うまでもなく外敵に対して保護してもらい、市場の平和を保障してもらうためであります。したがってそこでは領主と大商人との相互の利害関係が合致していたことを、見のがすことができません。

このようにして、遠隔地商人の市場定住によってできた特定地区のことを、ゲルマン系の強い地方では多く「ウィク」といいます。-wik, -wich, -wick, -weig, -wiek などの語尾を持つ地名がたくさん現存しますが、その由来はこの市場定住地区に発している事例が多い。逆にラテン系の諸地方ではこれを「新ブルク」(novum burgum) といいます。これは既存のブルクに対して、新しくできたブルクという意味で、やがて都市のことを「ブルク」と呼ぶように変ってゆく例も多いのです。

2　領主支配の都市から市民自治の都市へ

ところで、このような商人定住区でできあがってくる団体が商人ギルドであります。商人ギルドのことを、ギルドという表現のほか、いろいろな名称で呼びますが、ハンザというのもその一つであります。もともと「ハンザ」というのは、飲物を入れた壺の両方に付いた取っ手のことですが、それが転じてギルドの意味となり、やがてあの有名なドイツのハンザ同盟の呼称となります。

遠隔地商人は各地を回りますから、農民と違って、各地の政治や経済の情報に通じておりますばかりでなく、商人相互間でおこなわれる一種の国際的な商慣習というものに従わなければならない。たとえば、旅の途中で商人が死んだ時の財産の処分、あるいは商行為における時効の問題、そういうようなものが事細かに、それぞれのギルドの中で規定される、ということになってまいります。商法とか海商法の起源も、この辺からできてくるのです。しかしこの法規定ないし商慣習は、あくまでも商人の法、つまり属人主義の上に立つものであって、近代法のような属地主義の規定ではありません。属地主義の法の先駆をなすのは、やがて十二、三世紀から成立する各個の都市の都市法なのであります。

ウィクに住んでいる遠隔地商人の団体は、そこに住まわせてもらうのは、聖俗封建貴族の保護が受けられるからであります。したがってこれに対しては、冥加金(みょうがきん)に似たものを納めなければなりません。要するに領主と大商人とは、この段階では利益共同体をなしているわけです。領主がもし司教であれば、その司教区全体の中での関税や入市税などが免除されて、自由に商売をすることができるという特権をもらうのです。ですからこの両者の利害得失がバランスをとっている時はいいのですが、ひとたび何かを機縁にこのバランスがとれなくなると、そこに不穏な動きが顕現しかねません。たとえば商人の経済力がどんどん大きくなってまいりますと、それに対して領主の側は、より多くの冥加金などを要求して、自分の支配権を強化しようとする。そうなりますと、日頃から領主の要求に不満を抱いている商人団は、ちょっとしたことがきっかけになって、その経済的実力をたのんで暴動が起る、ということになる。こうした暴動が比較的初期に起りますのは、俗界貴族の支配する都市よりも、司教・大司教が都市領主であるようなところにおいてであります。これにはわけがあるのでして、都市領主からの不当な要求や支配が及んできたということのほかに、ちょうどその頃、思想的にも、その暴動を支えるような聖界革新の動きが複雑に市民運動と絡みあっていたという事実も否定できないのです。

具体例を挙げるときりがありませんが、一つの例を申しますと、ドイツの有名なケルンの暴動があります。ケルンの暴動は一〇七四年に、たまたまケルンの大司教が、自分の客人をもてなすために、ライン川で遊ぼうとしたことがきっかけでした。ライン河岸の商人定住地区では遠隔地商人が船をたくさん持っているわけですね。そこで接待の一つのプランとして、大司教は客人を船に乗せて、ライン川下りをやろうとしたのです。その際、大司教に従属している家士たちが、大商人の許しを得ないで勝手に船を出そうとしたのです。その状況を見ていたケルンのウィク在住大商人の子供が、すぐさまそれを若者たちに告げました。そうすると、誰の許可も得ないで大司教が何艘かの船を使ったということをウィク全域に触れ回ることとなったのです。そこで、地域に住んでいた大商人の仲間たちが集ってきまして、大司教といえども、われわれの諒承なしに、無断で船を勝手に使うということは不法である、というふうに叫び立てて、平素非常な圧迫を受け、法外な課税を強いられている都市領主たる大司教の支配に対して、われわれの反抗をやろうではないか、ということを申し合わせるわけです。これが有名なケルンの暴動であり、ついには大司教の邸宅を焼打ちすることとなります。焼打ちをかけられた大司教はほうほうのていで逃げ出してしまい、皇帝に調停を頼むという、そういう事件なのであります。

こうして皇帝の仲裁を頼む。そうすると皇帝は、そこで初めて、今まで都市領主としての大司教を相手に封建関係を維持していたのをやめ、そうした都市領主を抜きにして、しかも大商人以外の、従来の従属的な存在であった小商人や手工業者をも含めて、その集団に対して「ケルンの市民たちへ」という特許状を、初めて渡したわけであります。そしてこのようにしてできあがった大商人・小商人・手工業者などの団結体のことを、当時の史料では「コンユーラーチオ」(conjuratio)、すなわち誓約団というのであります。これは一緒に誓約をした団体という意味でして、のちに一般的には「コミューン」ともいわれたものです。

こうなりますと、皇帝から見ると司教・大司教との関係と、新しい市民団体との関係というものが、国家法制の上ではいわば同格のものとなってきます。封建領主を経ないで、皇帝から直接、市民団への特許状が与えられたのですから。この点、日本の都市の場合のように特定の座とか株仲間が冥加金を出して特権を与えられるというのとは、基本的にちがう。ケルンに起ったこのような運動は、やがていろいろな事件をきっかけに、ライン川に沿った司教支配の諸都市につたわり、燎原の火の如く、都市領主に反抗してのコミューン運動が起るのであります。そうすると、封建貴族の側としましては、これは危い、都市の市民の実力というものを逆に利用しなければならないというふうに考えることとなり、暴動が起る前に、市民に特権を与えてやる風潮が出てまいりました。また皇帝は皇帝で、都市の実力を自分の味方にひき入れて、封建貴族を押えようという策に出ました。こうして、市民はこれを機会に、だんだんと都市の特権内容を充実させてゆき、幾十年もかかってこれを法規定として体系化したものが、すなわち都市法なのであります。そして都市法がおこなわれる領域が封建社会の中における最初の特殊法域を形成することとなったのであります。「市民」(burgensis, Bürger) という身分の形成も、この都市法と深い関連を持っているのです。

ケルンの事例で申し上げたように、どうして、小船を二艘や三艘、許可なしに使ったというだけで暴動が起るのか。実はこれはまったくのきっかけなのでして、それには当時の時代思潮を考える必要があります。十一世紀の七〇年代以降という時代は、思想史のほうでは、いわゆるグレゴリウス改革の時期に当ります。あの有名なクリュニー修道院で勉強したヒルデブラントという人が、ローマ教皇になりまして、グレゴリウス七世を称したのが一〇七三年であり、それから、皆さんご存じの、皇帝ハインリッヒ四世と正面衝突を起した「カノッサの屈辱」は一〇七七年であります。

今まで楕円の二つの中心としてヨーロッパ秩序の最高権威であった皇帝と教皇が対立してしまったのですから、これは思想界でのたいへんな動揺であります。古い権威、古い体制に対する批判の声があがりました。特に修道院の中からは、いろいろな形の改革運動が起って、種々の教派が出てまいります。たとえばフランスのプレモントレ派とか、十三世紀に入って飛躍的な開墾で活躍するシトー派、あるいはヒルサウ修道院の活動。それから各種の異端が出てくるわけです。異端と正統というのは実はたいへんむずかしい問題を含んでいるのですが、たとえばカタリー派だとか、ワルド派だとか、中には、オリエントから入ったマニ教の一派などさえもセクトをつくり、盛んに教説の流布をして民衆を煽動する。そういう反体制的、あるいは反権威主義的、反形式主義的な運動というものが片方にあって、それが経済的利益の主張と絡みあい、まずさしあたっては司教の横暴に反抗を起す。特にイタリアの場合は、ドイツ出身の司教・大司教支配に対する反抗という形で、ミラーノに起ったパタリアの暴動（一〇五七―七七）のような過激な運動が、都市自治への先駆をなすこととなります。

そしてそれがようやく、十三世紀になりまして、カトリック教会のほうでは、ご承知の通り、フランチェスコ派とか、ドミニコ派とかという新しい改革教団が台頭し、ようやくにしてこれに鎮静化の作用をもたらしたのであります。前述した都市市民の動きは、そういう運動と精神的にはつながっていたと考えられます。

さて、以上のような古い司教都市などでの市民の動きと並んで、ここで国家の形成という問題と関係した面白い現象が起ります。それは、皇帝でなく、有力な封建領主による都市建設、つまり新しい建設都市の続出という一種の領邦政策的な企てが、十二世紀になりますと急に活発になるということであります。

これにはいろいろな例がありますけれども、その初期の例は、自分の領域にはさほど目立った都市がなく、すぐ近くの他の領主の土地に経済的な繁栄をしめす都市があるといった場合、これを打ち負かすために、それに接した自領内に、新たに都市を建設し、その市民に広範な自治を認めて、各地の商人をそこへ集め、自領の経済的繁栄をもたらそうとするものであります。具体的な事例を申しますと、ウィクの語尾をもつバルドウィーク（Bardowiek）という八、九世紀から栄えた有名な北ドイツの町ですが、これが十二世紀に入りまして、当時最有力であったザクセンのハインリッヒ獅子公により大きな犠牲を強いられることとなったのです。これはなぜかといいますと、十二世紀になりますと、鰊（にしん）がバルト海で獲れて有力な商品となりますから、そのために塩が必要であります。すなわち岩塩が必要になる。その岩塩の出る町がリューネブルク（Lüneburg）でして、そこがバルドウィークに近いものですから、バルドウィークはいっそう栄える。これを見て、ハインリッヒ獅子公は、かなり強引な手段を弄して、その近くの自領で、何もなかったところへ町を建てる、ということを企てるのです。これには若干の前史があるのですが、とにかくこうして新建設されたのがリューベック（Lübeck）であり、一一五七年のことでした。いま行ってみますと、リューベックはさすがハンザの女王としての貫禄をしめす昔のおもかげをとどめていますが、逆にバルドウィークには、今は古い教会があって、そこにリューベックに対する恨みをしめすレリーフが刻まれているだけで、町の遺構もなく、現在はいろいろの植木の苗とか、野菜の種を産出するところという淋しい村になっています。

ハインリッヒ獅子公は、ザクセンとバイエルンの公（dux, Herzog）の職を兼ねていましたから、リューベックのほかにもミュンヘンとかブラウンシュワイク等も建設しました。しかし諸侯の都市建設政策として最も古く、かつ有名なのは、西南ドイツにおけるツェーリンガー家（Zähringer）のそれであります。この家柄は、十一世紀の中頃から台頭した西南ドイツ最強のものでして、フライブルク近傍のツェーリンゲンというところに居城をかまえていました。これが自領内に新しく都市を建設して、各地の商人をひきよせる政策に出たのは、十二世紀前半、ベルトルド三世およびコンラート一世の時代であります。その際建設された都市としては、まずフライブルク・イム・ブライスガウ（一一二〇年）、ヴィリンゲン

（一一一九年）、ロットヴァイル（一一二〇年）、ノイエンブルク（一一七一年）、ついで一一九一年の建設にかかるスイスの首都ベルンなど、ボーデン湖周辺にたくさんあるわけです。このことは、あたかもこの時代から、ドイツとイタリアを結ぶ交易網の成立が、いっそうはっきりして来たということと無関係ではありません。またそれは、自領の経済的繁栄を狙うという政策であるばかりでなく、イタリアへの軍事的な要衝（ようしょう）の確保という意味も含まれていたのです。

こう見て来ますと、中世都市には、市民による都市領主への反抗によって自治権を確立した古い都市と、封建領主の領邦政策として、上から自治権を与えられた建設都市の二つがあることがわかります。そしてだいたい十五、六世紀に至るまでは、都市が経済政策の担い手となり、時には領邦君主に対抗して、都市同盟を結ぶというケースも出てまいります。これは商業交易というものは、政治的な分立を越えて、いわば国際的につながりを持つ性格があることに由来するのですが、ドイツの場合には、封建勢力の極端な割拠が、都市の利害関係と対立するという事情があり、都市としては基本的には国家統一を志向していたからでありあます。ドイツ・ハンザはもちろんですが、十三世紀の中頃に四十余の都市の同盟として活躍したライン同盟のごときが、その最たるものであります。

こうして十一世紀から十三世紀末までの間に、西ヨーロッパの全域に都市法を持つ特殊法域としての都市が多数に成立するのですが、その状況を知るため、都市の数を示してみますと、紀元一〇〇〇年という時代に都市としてはっきり名前が出てくるところは、全西ヨーロッパで、だいたい二百くらいしかない。ところが、一三〇〇年という時期を取ってみますと、都市法を持ち、農村とは違った法的性格をそなえている都市の数は五千余りある。そして、この時にできた都市がだいたい今日まで存続している、ということがわかる。だから、いかに都市の成立というものが、盛んなものであったかが推測できるのです。もっとも、都市といいましても、人口が千か二千人くらいの小都市が圧倒的に多かったのですが、とにかく、アルプス以北では、この時期に都市の数が激増したことは明白です。

ヨーロッパの、今存在する町の七、八割が、十一世紀の末から十三世紀末にかけて成立したということ。その後、産業革命期に都市が新しくできたところがありますけれども、ヨーロッパを考える場合の都市というのは、何を措いてもこの中世都市のルーツを知らなければその本質はわからないと私は思っています。

3　都市および都市住民数からみた東西ヨーロッパの比較

次に、ちょっとご参考のために、面白い比較を示してみましょう。それは東ヨーロッパ、特にヨーロッパ・ロシアの、あの広大な平原の各地にできてくる町と、西ヨーロッパの都市とが、どんな違いがあるかということです。たとえばニジニノヴゴロドとか、ノヴゴロドとかいう町がありますが、この「ゴロド」というのはブルクと同じ意味です。そういう町の成立とブルクとの関係はどうか、といった問題について申し上げたいことは多いのですが、ここでは一切省略いたし、ごく大ざっぱに、数だけを西ヨーロッパと比較してみますと、こういう面白い結果が出るのです。だいたい一三〇〇年という時期を取ってみますと、西ヨーロッパの都市の数は、前に述べたように五千以上ある。それで、住民全体の中で、都市に住んでいる者の人口比を見ますと、平均して総人口の約一〇%が都市に住んでいる。特に北イタリア、すなわちロンバルディア、トスカナの地域と、フランドル、すなわちいまの北フランス、ベルギー、オランダの一部を含む地域ですが、この両地域では、総人口の約三〇%がすでに都市の住民であったと推測されています。

これと同じような形で、数字を挙げてみますと、一七〇〇年の頃、ロシアではピョートル大帝の時期ですが、この時期におけるロシアの、農村と区別される都市的集落の数は、せいぜい二百五十です、あの広い領域全体で。そして、都市の住民は総人口の三%に達しなかったのであります。

これはいったいどういうことなのか、何を示唆しているのか、という大きな問題があるわけです。それで私は面白いから、日本ではどうだっただろうか、ということで、日本のそういう古い統計はありませんけれども、いろいろの、『読史備要』とか、各種の読史地図などで調べてみましたが、日本の元禄から享保にかけての時代、すなわちロシアと比較するために、一七〇〇年頃を取って、日本で、江戸・京都・大坂の三都の外に、農村と違った行政が行われていた集落数をひろってみました。そうしますと、まず各藩の城下町がある。次いで宿駅都市、港や津、さらに寺社門前町など、全部で約七百近くありました。ところで戦後、ご承知のように町村合併が行われまして、市といわれるものがやたらに増えたわけですが、現在いくらあるかといいますと、市政を布かれている都市は六百五十二あります。町の数は調べてみませんでした。また元禄や享保の頃の町人の数、これもよくわかりませんが、江戸・京都・大坂の三都は特に人口は大きかったですから、一七〇〇年頃には、町に住んでいたものは、日本の総人口の一〇％、あるいはそれ以上であったに相違ないと思われます。

ロシアと日本は一七〇〇年頃を比較したのですが、上に述べたヨーロッパと比べるため、一三〇〇年頃日本はどうだったかという問題、つまり鎌倉末期にどのくらいの数の都市があり、どれほどの都市人口があったかということを調べられたら面白いと思いますが、私にはその準備がありません。しかしいま挙げました数字上の比較だけを見ましても、そこに社会構造の質的な違いのあることが予想されます。そして乱暴な表現を使いますと、日本という国は、西ヨーロッパとロシアとの、中間型とでも言いうる形をとっている。別の言葉で言いますと、一三〇〇年頃における西ヨーロッパは、すでに十七世紀末のロシア帝国とは、質的に違った社会経済構造をとっていた、ということがわかります。このことが、私が折りに触れて申しております、ヨーロッパの東と西の農村の構造と、都市の商業交易にみられる流通品の性格の相違を反映しているのであり、非常に面白い問題がそこに秘められているのだと思います。

4　社会集団としての中世都市の特色

次に視点を変えまして、社会集団としてみた西ヨーロッパの中世都市というのはいったい、どんな特色を持っていたのでしょうか。これについてはいろいろなところで書かれていることでありますから、ここではほんの概略だけを申しますが、その概略に入ります前に、いま申したような格好で中世都市が興ってきたということは、大きく見ますと、古代世界はいわゆる沿海都市文化、すなわち海に面したところに都市があるというのが圧倒的に多かったのに反し、中世ヨーロッパにおいては、地中海沿岸の古い都市は別として、内陸都市がきわめて多数に発達してきたということなのです。ライン、ロアール、セーヌ、ウェーゼル、エルベなどという川自体が交通路として昔の海の役割をしているわけでして、海岸に突き出たところで町ができているというのは、地中海沿岸に若干ありますけれども、北ヨーロッパではほとんどない。現在栄えているアムステルダムとか、コペンハーゲンなどというのは、これは十六世紀以後の町でありまして、中世の町はほとんどすべて内陸にあります。ブリュージュ、ガン、イープル、ハンブルク、ブレーメン、リューベックなど海に近いですが、海に面しているのでなく、運河や河川に沿って内陸にある。したがって、河口に町ができるということは、十六世紀以降の現象だと思います。パリもロンドンも、川に沿った大きな内陸の港町であります。ですから一般論として、沿海都市から内陸都市への切り換えという現象がこの時期にはっきりしてくる。

それと面白いのは英語で言う「フォリナー」という言葉は、いまは「外国人」と字引には書いてありますが、中世では「よその町の人」ということなのです。国民という意識がない。ネーションという考え方ではなく、一般に存在したのはシチズン、ドイツ語で言うビュルガーという考え方であります。彼らは町というものをどういうふうに考えていたかと言いますと、私は、こう考えたらいいと思うのです。都市というのは、田舎と違って、一人一人、あるいは一軒一軒で勝手な生活ができない場所だ、ということ。もちろん農村でも、先ほど申しましたように、強制と禁制という枠の中で、農業経営上の団体規制を強いられますけれども、都市の場合には日常生活の中で、一人ではとうてい住めないという宿命を負っている生活態なわけです。たとえば井戸を掘るにしても、ごみを捨てるにしても、農村では一戸ごとにできるわけですが、都市では水道でも、道路でも、公共の施設としなければやってゆけない。そういうところから、都市生活というものは、はじめからかなり規制の強いものになってゆくことがわかります。そういう公共の精神が社会生活の中での最も基本的なものとして、ヨーロッパの市民の中に育ってゆくわけで、この点が一つの大きな特色です。

もう一つは、ヨーロッパの中世都市は、一つ一つ特色を持った非常に個性の強いものだということです。日本の町でも、城下町によって特色があるといいますけれども、ヨーロッパの町は、たとえばヴェネチアは一つの都市ですけれども、ヴェネチアの歴史を調べようと思ったら、本当に一生かかるほどの大仕事です。一つの国の歴史をやるのと同じくらいたくさんの研究がなされております。私は向うの版画、特に中世の都市の版画などを集めているのですが、どこへ行きましても、自分の町全体の絵というものがたくさんあるわけです。城壁で囲まれて、教会が建っており、市庁舎があって、町並みが整然と示されているというふうに、とにかく町全体が結晶性を持ったものとして理解されていて、外の世界とは区切られた、いわば人工的に築かれた生活空間なのです。ですから城壁の中が、クルトゥーア（文化）の場所、その外側はアグリクルトゥーア（農業）だというわけです。

ところが、中国の絵を見たり、日本の町の絵を見たりしましても、一つの町全体が、ヨーロッパの場合のように、天使がラッパを吹いているとか、町のワッペンが書いてあって、どの町だかすぐに解るといった仕組の絵は全く存在しない。これはどういうことなのでしょう。ご承知のように、江戸がどこまでだという境界線も、はっきりしていなかった。それほど結晶性がないのですね。ただ、だらだら拡がっている。中国の町は城壁がありますが、それでも古い絵は街頭の風景・風俗・建物などで町全体の結晶性を示したものはない。

今でも西ヨーロッパへ行きますと、どの町へ行っても、その町のプロフィールを書いた絵葉書を売っていますが、教会や市庁舎などの影絵のような絵葉書を見ただけで、これはどこの町だということがすぐわかるのです。この塔があるからこれはケルンだ、これはミュンヘンだと、すぐ当てられるのです。小さな町にいってもそうなのですね。全体を見通して、自分の町の結晶性というものを彼らは、子供の頃から頭に入れている。そういう共通性があるのですが、それだけ町に個性があるということです。

以上は東洋とくらべての特色ですが、西ヨーロッパ都市に共通している特色を、もう少し中身について申し上げますと、中世都市というものは、四つほど共通した施設を持っている。まずその一つは市場広場であります。この市場広場というのは、私流の表現で申せば、農村だと一戸一戸でやっている家計であるのに、都市になると市場広場に結集された、いわば拡大された家計のシンボルである。市場に行かなければ日常生活の必需品が調達できないわけで、まさに「都市経済」の在り方を象徴している公共の場なのであります。それから次は教会。これについては今さら申し上げるまでもありません。そして三番目は、町の周囲を取り巻く城壁。この城壁も、地域によって土塁・木造・石造・掘割など、形は違いますけれども、都市法の規定などを見ますと、どこの町でも城壁を越えるということは、非常な重罪とされております。門限がくると扉を閉めて、鍵を市長が預かるというのですから、城門の鍵を預かっている者の許可を得なければ、入城することはできない。ローマ教皇の使者といえども入れない。この点、日本の町とはまるで違うわけで、そうした日常的な都市空間の体験を通じて、市民は自分の町への帰属意識というものを強めることとなります。

最後にもう一つの共通の施設は、都市自治のシンボルとも言うべき市庁舎であります。市庁舎のことをゲルマン領域では一般に「ラートハウス」(Rathaus)と呼びます。市場広場に面して建っているのが普通です。そしてこの市庁舎の立派さを競うという考え方は、アルプス以北においては特に強いのでして、町の誇りとされており、いまでも大きな公的行事はみんな市庁舎でとり行われます。たとえばハンブルクのようなところは各国の総領事がおりますが、総領事が赴任したということになりますと、ハンブルクの市長はいまでも、市庁舎でおごそかな式典をやるわけであります。市庁舎を中心に、市政を行うのが市参事会員です。大きい町だと二十四人、小さな町だと十二人でできているケースが多いのですが、これは全くの選挙制で、その合議によって都市の行政が行われるのです。

以上の四つを欠いていては中世都市とは言えません。そしてそれを支えております基本的な精神は、先ほども触れましたように、市民全体による宣誓であります。この誓約団体のことをラテン語では「コンユーラーチオ」、ドイツ語では「シュヴールゲマインデ」、または「アイトゲノッセン」と呼びまして、スイスに残っております誓約団思想に通じるものであります。この誓約団思想というのは、いちばん最初に申し上げたゲルマン的特性の基底に流れている精神ではないかと私はひそかに考えているのですが、誓約とか宣誓という行為の本源的意味については、もっと勉強しなければなりません。

もう一つ面白いのは、都市生活が普及することによって、ここではじめて、日常生活の中に、公共の施設、公共の精神、あるいは公共の世界とでも言いますか、要するにプライベートなものではない公共のもの、という考え方が非常に強く出てきて、それが「市民」の生活感情となってまいります。「国民」という感情よりも、はるかに古く「市民」の意識が創り出されるのです。

日本の都市というのは、勝手なことをするところといった出稼ぎ根性が横行していますが、ヨーロッパの場合は逆なのです。日本人の場合には、自分の家の中は、床の間に軸を掛けたり、生け花をしたりしてきれいにするけれども、自分の家の前は、きたないドブがあって、ごみが捨ててあろうが、ジュースの空缶があろうがなかなか掃除なんかしない。そして「国民」という考えと「個人」があるだけで、あとは「世間」という漠然たる外の世界を考えているだけです。最近はだいぶ変ってきましたが、それでも「市民」という考えはまだまだ根をおろしていないのではないでしょうか。

それから、中世都市についてここで述べておきたいのは、都市を中心に一種の教養世界が誕生するということです。特に大商人は諸国の情報に通じることとなり、ラテン語を習得して、商業帳簿を付けはじめます。そうなりますと、だんだんと封建社会に対する一種の風刺文学のようなものが、市民の間から出てくる。それはだいたい十二世紀からであります。あるいは謝肉祭でのギルドを中心にする劇をやるとか、あるいはミンネゼンガーとかトルバドールなどといわれる宮廷から発した文学の影響を受けはじめ、封建社会を批判する精神が高まってまいります。たとえば「トーテンタンツ」といいまして、ローマ法王から皇帝・諸王侯貴族といった順で、封建社会のランクづけが商人から手工業者・農民に至るまで描かれていて、そのそれぞれの間に同じ髑髏（どくろ）が踊っている絵があります。これなどは、死の前における人間の平等と、現実の差別社会、特に封建社会に対する強烈な風刺の精神のあらわれだともみられましょう。

それから、ちょっと法律のことに触れますと、都市には先に述べましたように、市参事会の制度があって、二十四人ないし十二人というのが普通ですが、これは封建社会の世俗面では今まで見られなかった、まったく新しい原理による選挙制でありまして、任期は一年です。家柄を重んじ、人的な関係を重視した封建社会で、任期一年で、資格のある男子による選挙という制度をつくり出したのは、都市がはじめてだと思います。

それから、都市法に共通している最も大切な規定は、"Stadtluft macht frei."――「市風自由の原則」とでも言いましょうか、要するに一年と一日、すなわち満一年間、前主の追及を受けずにその都市に居住したものは、前身のいかんにかかわらず、原則として自由身分となる、という法諺であります。

こういうふうに見ますと、都市に入ったものは、それでは全部自由な市民かというとそうではないので、市民権というものの性質には、町によって、年齢や条件の差があります。しかしこのことによって、大きく見れば、封建社会の中へ「市民」という新しい身分が登場したこととなるわけです。それではこの自由身分の取得は、何故一年と一日を経てからなのか、という問題ですが、その理由はまさに先ほど言いました誓約にあります。市民の一つの特色は、それが誓約団体だということは前に申し上げました。都市の市場広場に全市民が集って、都市法にのっとり、市長中心に誓約というシンボリックな行事をおこなう、それが初期には年に一度であった。だからその誓約をするという体験を持たなければ、途中から入ってきたものはまだ市民ではなく、また自由身分でもないのです。

それからまた、都市法のおこなわれている法域、つまり都市内での生活を律する法は、いままでの法律のような属人主義ではなくて、属地主義であります。これも封建社会での新しい現象でありまして、都市へは各地から諸部族の人たちが混り合って入って来ますから、このような法の新しい原理が創り出されたのであります。こういう原則がまず都市にできてくるということは、近代法の精神との関連で、非常に大事なことだと思います。

皆さんもご存じのマックス・ウェーバー（Max Weber）は、世界史的にみた都市の比較論を展開し、ヨーロッパ中世都市の特色のいわばエッセンスとして、アウトノミー（Autonomie）とアウトケファリー（Autokephalie）の二つ、それに「市民」という身分の自覚を挙げております。こうした特色を兼ね備えている都市というものが、ヨーロッパ以外に出現した例があるのだろうか、という問題が残るわけですが、ウェーバーは非ヨーロッパ世界には存在しなかったと考えているようです。

そこで、アウトノミーとはどういうことかといいますと、私はこういうふうに考えたらよいと思います。すなわちそれは「自律性」という意味で、団体の秩序が、団体外の者によって決められるのではなくて、団体員により、団体員としての資格に基づいて決められる。そういう法的な性格を持ったものを、正しい意味での「アウトノミー」という、と。

次に、アウトケファリー、仮りにこれを「自主性」と訳しますと、これは、団体の指導者と幹部が、団体自身の法または秩序に従って任命されるのであって、団体外のいかなる者によっても任命されない、ということになります。なんでもないことのようですけれども、これが貫徹している都市が、非ヨーロッパ世界にもあったかと問われますと、私は直ちにその事例を挙げることはできません。ところがヨーロッパ中世都市の多くは、このような特色をそなえていたのであります。

そうなりますと、ここではじめて、「市民」というものが、封建社会の中で、特殊法域を持った新しい身分として自覚されてくる。日本の場合には、町人という言葉がありますけれども、これは漠然としたもので、町人全体が打って一丸とした形で、支配権力に対抗して、自律性と自主性を主張したものではない。特権を獲得するという時には、町人の中のいろいろな、たとえば両替・札差・船問屋・木綿問屋・魚屋・大工などといったそれぞれの株仲間が、ばらばらにわかれて幕府や藩と個別的な関係を持ち、それによって自分たち仲間の特権をもらうというだけで、横につながった市民という意識は出ておりません。

西ヨーロッパで、このような形で十二、三世紀頃から「市民」という意識が出てまいりますと、まったくそれと相応ずるような格好で、いままで家柄だとか、富める者とか、貧しい者とかということで、複雑な階層が考えられていた農村の中に、そうしたこととは別次元で、村構成員というものがすべて「農民」だという身分的自覚が出てくるのです。

ですから十六世紀にあの農民戦争が起りますが、その「農民」というのは、富める者も貧しい者も全部入った、いわば村ぐるみの闘争であったのです。農民戦争を考える際は、この十二世紀以降の身分観の変化を理解すべきだと思います。またそれ以前の時代は、自由民・半自由民・農奴あるいは奴隷というふうに、自由を基準にした分け方があっただけで、「市民」や「農民」という意識はありませんでした。

5　市民構成の純粋度からみた南欧と北欧

最後に、もう一つちょっと触れておきたいことがあります。それは、中世都市の市民構成の純・不純を基準にして分ける分け方についてであります。これもマックス・ウェーバーが強調していることですが、私もこれはほぼ当っていると思いますので、一言申し述べておきます。それは、中世都市には北欧型と南欧型というふうに、大きく二つの型が考えられるという問題です。

北欧型というのは、先ほどから申しておりますように、市民が誓約をおこなって自治の運営をおこなう際、封建家臣——この中には僧侶・聖職者、あるいはミニステリアーレン（家士）などもいます——を原則として排除して、「市民」身分を構成する型であり、要するに商工業者主導型のものであります。ですから、封建的支配権力者の要素を含まないという意味で純粋なわけです。近時、アルプス以北の都市にも、ミニステリアーレンの関与があったことが立証されていますが、南欧型とくらべるとその純粋度は高く、やはりアルプス以北の大きな特色とみてよいと思います。

ところが南欧型では、本来の市民、すなわち商工業者のほかに、田舎で土地を持っている封建貴族や家臣たちが、町の中へ入り込んでそこに住み、中には大商人となる者まで出てくる。そのため地主的な市民が多数にいることになります。北欧の場合には俗界の貴族は、農村支配の拠点として山の上などに城を構えるのが原則で、都市には住んでいません。これがイタリアなどとの大きな相違で、南欧型の市民構成は、封建的権力との合体、その意味では不純だということになるわけです。そしてこの相違から、イタリア都市の特色ともいうべき豪族あるいは門閥支配というものの出現の可能性が出てくるのですが、北欧の場合には、一部の例外は別として、中世には門閥・豪族は出ないのです。北欧型都市の団体主義的な活動も、こういうこととかかわりがあるのかも知れません。

　中世都市に見られる北欧型と南欧型という分け方は、十五、六世紀の宗教改革とルネッサンスの社会的な背景ないし環境の比較という面から、もっと深く考えるべき問題を含んでいますが、ここではそれには触れず、中世都市のお話はこれで終りといたします。

《質疑と応答》

問　東洋の都市には市民の考えは育たなかったのでしょうか。

増田　どうも日本の中世末から近世にかけての都市も、ちょっと見たところ似ているようですが、基本的には、団体意識の面で、ちがっているように思います。つまりそこに住んでいるものが、打って一丸となり、お互いに平等の立場で誓約してできた団体ではない。そうした意味で、市民意識を育てるのに最も不適当なところはインドであります。インドはご承知のようにカーストがあり、サブ・カーストを含めますと、たいへんな数にのぼります。いまだいぶ変っているようですが、以前は一緒に同じ水道からの水をのむこともできず、また寺院や教会などに行きましても、並ぶ席が違うわけです。これでは、打って一丸とした商工業者の団体意識などというものは育ちません。

また日本の場合には、ヨーロッパのように法的にものを考えない傾向があります。鎌倉時代には法的な意識が強く出ていて、史料も多いようですが、一般的に言って、西ヨーロッパにくらべ、法的な史料が非常に少ない。世の中の移り変りや慣例を記したもの、あるいは政治史の史料などはたくさんありますが、団体が自分たちの権利・義務を積み重ねて法的に自覚した共同体をつくるといった事例は少ない。

いずれにしましても、士農工商という、幕末までずうっとあった考え方が、わずか明治以来百年そこそこで、こんなに変ってしまったというのも、これまた日本の特色であるように思います。ヨーロッパはデモクラシーの本場のように言われますが、まだ貴族をはじめ、それぞれの身分とか部族という観念が潜在的に残っております。中世史でお目にかかる小部族の名が、今日でも日常的に、一種の差別観をもって使われていて、びっくりすることがしばしばであります。

第五講　中世西ヨーロッパ社会に共通した特質
十三―十六世紀

年貢を納める農民

1　社会経済発展の重心の転移とその中核地帯

今日は、中世西ヨーロッパ社会に共通した特質というお話をいたしたいのですが、それを従来説かれて来たのとは少し違った観点から考えてみたいと思います。その狙いは、日本のように国家のまとまりがはじめから存在していて、近代国家が成立したというのとは非常に趣きを異にした西ヨーロッパ諸国家の発展の仕方、あるいは西ヨーロッパ社会に共通した前提があるということの意味の重要性を強調いたしたいからであります。

その話に入ります前に、例によりまして、前回お話したことをごく簡単にまとめておきますと、前回は、十一世紀から十三世紀という時代の、ヨーロッパ全体の変化を、都市の成立、市民の団体意識というような問題を中心にお話いたしました。そして、ベルギーの歴史家アンリ・ピレンヌの構想で有名になった十一、二世紀における「商業の復活」ということの、真の背景は何だろうかということを、私なりに考えてみました。それには外的な事情として、一応ヨーロッパにもたらされた平和、つまり外敵の侵入が無くなったということ、内的な事情としては、三圃農法の普及による生産力の増強、それに伴う人口の増加が考えられる。そして増えた人口がどういうような形で、どこへ吸収されてゆくかということも非常に面白い研究テーマですが、その一つは内陸植民であります。すなわち、いままで森であったところを開墾して新しい村をつくる。あるいは、かつてローマの大地主が持っていた荒れ果てた土地を再開墾してゆく。これはフランスなどに非常に多いのです。そういうような内陸地域の開墾によって、農村の数が増えるわけです。

もう一つは、一般に「東ドイツ植民運動」と呼ばれているもので、エルベ川以東のスラヴ系諸族の中へ、ドイツの各地やフランドル地方からの植民が行われ、のちのプロイセンの基礎をつくったのであります。東ドイツ植民運動の基地となったのは内陸ではマグデブルクであり、海岸沿いではリューベックでした。またエルベ川やドーナウ川に沿った植民も行われ、東南部への植民がのちのオーストリアの基盤となったのです。この植民運動には、本国各地からいろいろの部族が移住して来るわけですから、比喩的に申せば、北海道の住民のようなもので、古い部族的なまとまりの意識が薄れてしまうという現象が起る。そのことが、のちにプロイセンとオーストリアに、本国ではみられない強力な政治支配が可能になる一つの原因であったと考えられます。

それから増加人口のはけ口の三番目は、十字軍であります。十字軍の遠征が何度も行われていて、従軍した者はたいへんな数ですが、これもよく調べてみますと、人口が増加した地域から行っているケースが圧倒的に多い。

最後に四番目のはけ口は、前回申しましたように、都市の市民になってゆく道です。そしてここでもまた、各地から集って来たものの誓約団という、新しい型の団体形成が行われる。こういうぐあいに、十二、三世紀には、人口増加を受け入れる場が、それぞれに出現することになったのです。

以上のような状況を念頭においていただいて、今日のお話に入りたいのですが、今日お話いたしたいことは、社会経済の発展の原動力といいますか、基地になるような、あるいはその先進地域だといわれるような場所が、あたかもこの時代に、だんだんと新しくできてきて、以前とは違った様相を呈してくる。すなわちヨーロッパ全体を見渡した上での先進地帯が浮びあがってくるという話で、時代としては、十二世紀から十四世紀末までのことだ、とお考えいただければよいと思います。

ごく大ざっぱに申しまして、「商業の復活」以前は、まだなんと言いましても、東方にビザンツがありますから、シシリーから、南イタリアの地域には古い都市が残っておりまして、バリ、タラント、ガエタ、アマルフィなどのように海岸に面した港町で、まだかなり盛んに商業が行われていました。中でもビザンツとの関係で最も重要な地位にあったのは、アドリア海の潟の都、ヴェネチアであります。ところが面白いことに、十一世紀から十二世紀にかけて、南イタリアの方へノルマン人が入ってまいりますと、ノルマン支配というものは非常に強制的で、官僚的なものでありましたため、自由な都市の交易を阻害することとなりました。そういう政策の影響で、南イタリアが総じてその活力を弱め、だんだんと後進地帯に変ってゆくわけであります。だから文化的にも経済的にも、いわば高度文明の残りものであったような、南イタリアからシシリーにかけての町が急に衰えまして、それに代って、ポー川流域の地域、つまり、ロンバルディア、トスカナ、あの北イタリアの諸地域に今度は内陸経済活動の中心としての都市がたくさんにできる。そして、外国からの輸入商品でなく、その土地で産したもの、たとえば都市周辺の農村で産した羊毛で織物をつくるとか、麻織物をつくるといった手工業の本場としての都市が続出することとなるのです。

このようにポー川流域を中心とした北イタリアが漸次に先進地帯となり、逆に南イタリアが後進地帯に変る。それが十二世紀から十四世紀の大きな転換の一つの例であります。

そこで私は、これからの西ヨーロッパの先進地帯となるところはどういうところだろうかということを、ごく大ざっぱに示し、その内容につき、若干の説明をいたしたいと思います。結論的に申しますと、十二世紀以降、西ヨーロッパの先進地域となるのは、いま申した、北イタリアのロンバルディアから、トスカナ、そこからアルプスを越えて北へ進み、ライン川に沿った諸地域から、ドーヴァー海峡を越えてイングランドの東南部にかけての、ずうっと長い帯状の地帯であり、この南北にのびる地域がこれからのヨーロッパの経済発展の中軸的役割をはたすことになってゆく。そして南イタリア、南フランス、スペイン、ポルトガルといった地域が、いわば後進地帯に転落してゆくわけです。そしてその意味は、都市を中心として、都市と農村との産業構造が、後進地帯とは違った形をとってくるという点に最大の原因があると考えるものであります。

それでは、その繁栄の基地となる中軸地帯は、もう少し具体的にいって、どういうところかと申しますと、その地域は、面白いことに、かつてカール大帝の国が、ヴェルダン条約によって三つに分れた時のロタールの国に該当しているのです。すなわち東の方は、ルードウィヒの所領であるのちのドイツ、西の方は、カール二世の所領であるのちのフランス、そしてこの両者の中間にある帯状の地域が、ロタール一世の国、すなわちロートリンゲンです。ロタールの所領というのは、北は北海沿岸から南はイタリアに至るまでの間、それ自体、部族的・民族的な統一性のないところであります。しかしこれは政治的な理由があるのです。なぜかというと、ローマ教皇庁とのつながりがあるところなのです。ところで、この地域の性格をよく考えてみますと、それはいわばローマ帝国の辺境地帯を占めている。ドーナウ川とライン川の地域というのはローマの国境でしたが、しかしこの辺境地帯は、ゲルマン、ローマンの両要素が合成される可能性をもった地帯に当っている。

私どもの親しいドイツ中世史の大家テオドル・マイアー (Theodor Mayer) は、このことについて、面白い比喩を挙げております。それはローマという大建築の屋根があるとして、その屋根が辺境に向ってだんだんと下がっているが、庇(ひさし)のところへ来るとちょっと上がっているようなもので、文化の高さは、庇のところで上がっているのだというのです。ロタールの国は、まさにこの庇のところを占めているわけで、そこではローマとゲルマンの両要素が合成されて、新しいものを創り出す素地があるのだと説いているのです。たいへんうまい比喩でして、不思議なことに、両要素のどちらかが圧倒的に強いというのではなくて、ちょうどバランスが取れているようなところに、新しい気運が熟してくる。一種の辺境変革理論のための顕著な実例だと思います。

ところで、先に申しました南北に長い中核地帯というものを、私は大きく四つほどに分けて考えているのですが、その一つはいま申しました北イタリアの地域であります。この北イ

図2　ヨーロッパ社会形成の中核地帯

タリアの地域というのは、民族的にいいまして、もちろんローマの属州民が圧倒的に多いのですが、ここは、ゲルマン民族の洗礼を強く受けた地域であります。すなわち初期においては、東ゴート族がそこを占領しております。それからランゴバルド――ロンバルディアという名前はそれからきていますが――、ランゴバルド族が入ってきまして、パヴィアに首都をおいて、ここにかなり徹底したゲルマン人の支配圏をつくったところであります。

ある歴史家に言わせますと、このランゴバルド族が入っていった時にできてくる団体意識、それが十一世紀以後できてくる都市のルーツをなしている、というのです。つまり「ランズゲマインデ」という自治的な地域団体が基礎となって、やがてそれが都市という自治体を形成したというわけで、その団体意識はゲルマン的なものだと主張するのです。この主張には問題がありますが、とにかくフィレンツェにせよ、コモにせよ、ミラーノにせよ、ああいうところはみなその時にできるランゴバルド族の影響を受けた地域です。そこに、いま申しましたように、手工業や商業の中心としての都市が十一、二世紀から誕生する。

つぎに二番目の地域としましては、ゲルマン人に対して、ローマが「リーメス」という、万里の長城のようなものを築きまして、あの境界線のところに、「デクマーテンラント」といいまして、税を取り立てる特定の地域があったわけですが、それは要するに、ライン川がバーゼルのところで曲りますが、その曲ったところとドーナウ川とを結ぶ線、その地域とスイスを含んだ地域。こういうふうにご理解いただくといいと思います。つまり、ボーデン湖を中心とした周囲の地域、ここは古くはアラマン族というゲルマンの一族がシュワーベン公国を建てたところです。この地域には、シュワルツワルト、すなわち黒い森と呼ばれる深い森林地帯がありまして、それがまだ開発されていない時代に、スイスや西南ドイツを中心に、ボーデン湖を真中にしてできてくる特殊な地域であります。

　三番目は、シュトラスブルクからケルンにかけての、ラインの中流の地域。ここは部族的にはフランク族が圧倒的に強かったところです。そしてそこから海を渡りまして、アングロサクソンが定住したイングランドになるわけですが、これが四番目の地域だと考えられます。このように私は、前述の中核地帯はそれぞれ、特色を持った地域として一応つかめると思うのであります。

　それから、このこととは別に政治史の問題について一言しておきます。それは中世世界にあっては、ドイツはイタリアとは切っても切れない関係にあったという点です。すなわちイタリアとの連繋（れんけい）があるからこそ、全ヨーロッパの中で、ドイツだけが神聖ローマ帝国の皇帝を戴（いただ）くということになったことはご承知の通りです。ことにオットー大帝が神聖ローマ帝国の皇帝として戴冠（たいかん）しますと、ローマ教皇庁との関係は、いっそう重要となりました。政教一致でなく、教皇と皇帝が分れている政教分離ということがヨーロッパの決定的に大きな特色であると同時に、それゆえにドイツが政治的にある安定を得ようとすれば、どうしても相反するようにみえる二つの政策を抱え込むということになるのです。

　すなわち一つは「イタリア政策」といわれるものであり、もう一つは東方政策、オストポリティーク。つまり東ドイツ植民運動のように、だんだんとスラヴ人を圧迫してゆく、という政策。この二つは大ざっぱにいえば、ドイツが抱えている宿命的な二つの理念だとも考えられます。

イタリア政策というのは、理念的に、ドイツ皇帝の地位と権威を、他のイギリスやフランスの諸王よりも、一段高いところにあるという保障を維持し、そのことによって、台頭する封建諸侯を抑えることを狙いとするものであります。ところが、現実政策としてドイツの実力を強化するためには、どうしても東方政策において新しい領土を拡大してゆかなければならない。ドイツは十世紀後半から、このような二つの政策を抱え込むわけです。そのどちらに重点をおいて歴史を判断するかということで、ドイツの歴史家たちが、永年にわたる対立を示し、それがまた後世の大ドイツ主義か、小ドイツ主義か、という対立・論争となり、いわゆる皇帝政策論争として展開され、今日に及んでいるのです。だいたいにおいて、プロイセンの歴史家が、東方政策に重点をおき、その意義を高く評価するのに反し、古いドイツ、あるいはオーストリアの歴史家は、イタリア政策の重要性を強調する傾向が強いのです。ですから皇帝の業績についての論文や著書を読む際は、その著者の立場をよく理解してからなければならないのです。

そういう関係で、政治的にみて、ドイツはイタリアとは切っても切れない関係にあったのですが、十二世紀以前において、ドイツとイタリアとの商業交易がどういうつながりを持っていたかを考えてみますと、量的にはまことに細々としたものでしたが、交通路としては、一つはフランスの南、イタリアに近いプロヴァンスを経て、ローヌ川沿いに北上して、フランス東部やスイスに通じる道、いま一つはイタリアの東からエッチュ川沿いに北上して、ドーナウの支流イン川流域に達する道の二つが主要なものでした。ところが、十二世紀頃になりますと、それぞれその地域における封建領主たちや国王、ドイツの場合は皇帝が、イタリアへ抜ける軍事的な要路を扼したいというか、自分の手中に収めたいということで、軍事的拠点を設定する動きが出てくるのです。一言でいえば、諸侯の領邦政策が、交通路の確保という形で現れ、それがまた都市の建設となってくるのであります。これは、最近の地域史研究で明らかにされたことですが、アルプスにかかりますところ、特にスイスに多いのですが、「チンメルン」という語尾をもつ地名の新しい村落が散在しており、それは一種の屯田兵的義務を負った集落で、普段は農民ですが、いざとなれば武器を持つという、ウィリアム・テルではないですけれども、スイス農民の前身のようなものが当時相当数おかれていたことが解ります。いずれもイタリアへの通路に重点がおかれた政策的配慮の産物だと考えられます。

そのようにして、アルプスを越えて行く峠越えの道がだんだんと開発されてゆく。そこでいまも有名なサン・ゴタールとか、サン・ベルナール、あるいはセプティメールといった峠道が、十二世紀になるとだんだんと道路が整備され、軍事的な要衝であるとともに、交易路となる。そうなりますと、そこでまた、その宿駅的な場所に町ができる。それがクーア、ルツェルン、ロカルノ、コモなどでして、コモまで行きますと、もうミラーノはすぐでありま す。コモの周辺につきましては、地域史研究の結果、この頃にできてきた集落の研究が、たくさん出ております。

いずれにしても、そういうことになって、いままでのようにフランスを通ったり、オーストリアを通らないで、アルプス越えでじかにイタリアと結び付くということになり、隊商の群が、ここを馬の背で、あるいはあるところまでは、荷車のようなもので南方の商品を運んでくるという可能性が急速に高まってまいりました。こうしてクーアやルツェルンへ抜ける道が開かれますと、それはもうライン川の上流部が流れ込んでいますあの大きな湖、ボーデン湖につながるわけで、そこからはもう否応なしに、ライン川の本流に通ずることとなります。そこでボーデン湖周辺一帯の地域が急速にイタリアとのつながりで活況を呈してまいります。

この頃、ボーデン湖周辺がどういうふうに変るかという研究が、最近たくさん出ておりまして、ドイツ、スイス、オーストリア三ヵ国が国境を接する国際的な湖ですから、その研究も三ヵ国共同で行われ、いわゆる地域史研究としてはたいへん面白い成果を挙げております。

アルプス越えによって、イタリアとスイスが直接つながることとなった事情は、上述の通りでありますが、それはそれとして、私が先ほど申しましたいくつかの地域というものは経済的に見て、いったい、どんな特色をもつこととなるのか、各地域の経済的特色というものをここで簡単に見てみたいと思います。

これも大ざっぱな話で恐縮ですが、特色のあるものを南から順次に挙げてみますと、まず一番目は北イタリア地域、ここではヴェネチアという、いわばビザンツに対する窓口があり、そこからポー川の流域に、新しく内陸都市が発達する気運がみなぎっている。そしてオリエントから来るいろいろな香料・染料・薬品・絹・宝石・象牙・砂糖などが、非常に豊富にまずヴェネチアに入ってまいります。他方、はじめはその地で産した羊毛を利用していたのが、この大きな地帯ができますと、イングランド産の羊毛が、フランス東部のシャンパーニュの大市を介して、アルプス越えで入って来るわけです。これはどのくらい入ったかということが、ある時代については統計的にわかりますが、とにかくフィレンツェの毛織物、ルッカの絹織物、ヴェネチアのガラス工業といった具合に、北イタリアが、オリエントからの染料や他国産の材料を使って、非常に高級なものを産出する手工業と商業の都市の基地となるのであります。

二番目はボーデン湖周辺でありますが、これは私もオリジナルな史料で少し調べてみましたけれども、とても面白いのは、このアルプス越えが開かれることと並んで、ボーデン湖の周囲一帯、それは今日のチロール、スイス東部、西南ドイツを含む地域で、山地が多いのですが、ちょうどこの頃から、この山地の開発が進むことがよく解ります。そしていままで、比較的平坦なところにあった、三圃農法をとる密集村落とは違い、山岳地帯の開墾村落は、おおむねワイラー、つまり小さい村であって、作物の重点は、圧倒的に大麻と亜麻におかれることになるのです。このようにして大麻と亜麻がこの地方の山村の特産物となります。

麻織物は羊毛と違って、製造工程が割合に簡単です。羊毛の場合には、まず灰を入れた水の中で原毛をもんで油をなくし、それからまたスピンニング（紡糸）、カーディング（梳毛）、プレッシング（縮毛）をやるというふうに、いくつもの工程が分れるのですが、亜麻であれ、大麻であれ、これは割に簡単で、水に浸けておいて、皮から繊維を取り、これをさらせばよいわけです。このようにしてできた原料により、あの周辺の町では麻織物の工業が興ることとなりました。その中心の一つが、修道院で名高い、ザンクト・ガレンです。ここは昔は熊の出るような辺鄙な山地であったのですが、そこへ立派な修道院ができて有名となり、やがて十二世紀以降は麻織物工業の都市になったのです。その他、麻織物を主産業とする都市はたくさんありますが、なかでも有名なのは、ラーフェンスブルクとウルムでありまます。ラーフェンスブルクとウルムはドイツ領であり、ザンクト・ガレンはスイスでありますが、当時はそんな政治的境界に関係なく、ボーデン湖の周辺にいっぱい、大小の麻織物の産地ができました。

そして、これは後の話ですけれども、ラーフェンスブルクを中心にして、スイスの諸都市からも、多数の町の有力商人が金を出し合ってつくったのが、ラーフェンスブルガー・ハンデルスゲゼルシャフト、すなわちラーフェンスブルク商事会社でして、これが世界最初の商事会社だといわれるものであります。そしてその後、麻と亜麻のほかに綿糸を入れて、バルヘントという混織の特産物をつくる中心となったのが、ウルムという町であります。このウルム、次いでその近傍のアウグスブルク、このあたりがバルヘントの生産とその取引の中心であり、これを基盤に、やがて南ドイツ、いや全ヨーロッパを舞台に活躍することとなるのが、あの有名なフッガー家であります。大財閥フッガー家のことは、ここでは一切省略しますが、ボーデン湖周辺を旅行しますと、いまでも日常生活の中に麻織物が盛んに使われているのをみることができます。要するにボーデン湖付近の山村は、十二世紀頃からそういう特産物生産に目標を合わせてその特色を発揮してゆき、それに対応して手工業都市が、その近傍に成立するということになります。

三番目は、ライン川の中流およびその支流域でありまして、これはかなり広く取りますと、シュトラスブルクからケルンにかけてのところで、支流としてはネッカー川、マイン川、モーゼル川などの流域であります。ここではローマ時代からの産業が復興するという傾向もみられます。たとえば、ウォルムスだとか、ケルン、あるいはシュパイアーといった古い町には、まだまだ陶器・金属製品・武器・ガラスといったものの製造技術が細々と残っており、それが十一、二世紀から復興する兆（きざし）を示しますが、それと並んで、十二世紀における顕著な変化は、圧倒的に葡萄栽培が盛んとなり、良質の葡萄酒が、この地方の特産物として広く知られるに至ったことであります。フランスの歴史家マルク・ブロックの表現を借りますと、この頃までは、ヨーロッパ中、どの村も酸っぱいその土地の葡萄酒を飲んでいたけれども、十二世紀以後になると、ボルドー、モーゼル、ラインといった葡萄酒の銘柄が尊ばれ、だんだんと一般の村では葡萄酒をつくらなくなったのであります。

こうした葡萄栽培と葡萄酒醸造のイニシアチブを取ったのは、これはいろいろありますけれども、修道院が多かった。修道院、ことにシトー派をはじめとする改革派の修道院は、人のあまり住んでいないところへ、あちらこちらから信者を寄せ集めて、共同生活を行うような形で新しく山地を開墾するわけです。なぜそんな修道院へ各地から俗人が身を寄せるのかという問題は、十二世紀の社会世相といいますか、価値観や社会秩序の変動を示唆するものとして、きわめて興味ある研究テーマであります。ごく一般的に申しまして、古い権威に対する反抗、そしてその結果孤立した個人が、その孤立に耐えられなくて、今度は次元をかえた新しい仲間や団体をつくるという現象がみられます。たとえば、古くは氏族制に代って、主従制ができる。あるいは職人や商人が新しくギルドやツンフトという団体をつくる。つまりバラバラな個人の孤立状態というものは、歴史的にみて、そう長続きするものではない。孤立した個人を受け入れる場がいろいろな形で、その時代に応じてできるわけですが、この場合には、修道院に入り込むことが、その一つの道であり、開墾という労働を通じて、生き甲斐を感じる。その結果が、いま申した地域に葡萄畑を開いて、葡萄酒をつくるということになったものと考えられます。

四番目の地域は、パリ盆地と、その東南にありますシャンパーニュと呼ばれる地域でありま す。ここは、シャンパーニュ伯が、商人を呼び寄せる政策をとったということもあり、その他いろいろな理由で、ここが北と南との交易が落ち合うのに非常に適していて、しかも商取引を保護してくれるというので、そこの小都市、ラニー、バール・シュル・オーブ、プロバン、トロアなどで定期的な大市が開かれる場所になるわけです。もちろんパリ盆地もそれとの関連で、先進地域に組み入れられたことは、言うまでもありません。

その次に五番目に、顕著な特産物の産地となったのは、フランドルを中心とする地域であります。言うまでもなく、フランドル伯の領地ですが、ここは、もともとここで干拓事業が行われて新しい村ができます時には、三圃農法の密集村落などという形をとらないで、各戸が羊を飼うという形でスタートするわけです。つまり、特産物として羊を飼い、羊毛生産で生計を立てようとするのですが、そのことと時期を同じくして、ドーヴァー海峡をへだてた東南イングランドから羊毛がどんどん入ってくるということになります。そのため、一方では土着の原料があり、他方で地の利を得てイングランドの原毛が入るということになりますと、この地域では非常に早い時期に、すなわち十二世紀の末からフランドルの毛織物工業が有名となり、ブリュージュ、イープル、ガン、その他三、四十ヵ所で毛織物生産に重点をおく手工業都市が繁栄することとなります。

これは、十二世紀末の史料でわかるのですが、百姓の着る粗布、つまり荒っぽい毛織物はどこの毛織物、赤色の上等な聖職者用のはどこの毛織物といった具合に、各都市での特産物が知れわたることとなるのです。どこの毛織物だということで、その質がわかるというほどまでに、製造工程が急速に多様化または高級化してくるわけであります。そして、このフランドルへの原毛の主産地が、海を渡っての東南イングランドなのであります。なおこのフランドルを中心とした地域では、各種の金属製品、とりわけ真鍮（しんちゅう）の日用品が、特産物として有名となったことを付言しておきます。このことは、今日でもベルギー各地を旅行しますと、中世そのままに真鍮製品が使われていることからも、うなずかれます。

最後に六番目の地域は、イングランド東南部でありますが、ここで毛織物の粗布を昔から織っていたであろうことは、他のヨーロッパ地域と同じであります。しかし、毛織物を特産化するということ、すなわち、よくイギリス資本主義の発展の基軸をなしたのは毛織物だと言われますけれども、イギリスの毛織物が本当に盛んになるのはかなり後で、フランスとの百年戦争の時に、羊毛を輸出できないものですから、軍服も毛織物とし、イングランドの中で、技術の悪いものでもいいから織る傾向が出てきたのでして、それ以前は、もっぱら原毛の輸出に重点がおかれていたのです。そして、毛織物の技術が盛んになるのは、フランドルから移民が入って技術が伝わったからであります。こんなわけで、いまの話の段階では、東南イングランドというのは、毛織物でなく、羊毛を輸出する地域として重要視されるに至ったのであります。

以上申し述べましたことは、実は東ヨーロッパとの比較を念頭においてお話したのです。いと言いますのは、西ヨーロッパの経済社会というものを動かしてゆく中核となる地域が、いままでとは違って、北は北海から、南はイタリア北部に至るまでの間に、それぞれ経済的特色を持ったいくつかの地域ができ、それが広大なロシア平原などにおけるのとは違って、農村と都市との有機的なというか、相互依存的な関係を拡大しつつ地域全体が発展するきっかけができる。国民経済とか、領邦経済という考え方はまだほとんどないのですから、そうした中核地帯が、西ヨーロッパ全体の発展をうながす基地となる、というふうに考えられるのであります。

2　いわゆる「中世的世界経済」と「都市経済」

ところが十三世紀の後半になりますと、この状態に若干の変化が出てくる。それはどういうことかと言いますと、エルベ川以東に、先に申しましたように、ドイツ人を中心として、フランドルあたりからどんどん植民が行われます。そうなりますと、その地域は、やがて古いヨーロッパ全体にとっての穀物生産の本場、つまり穀倉地帯になります。しかも、そこで行われる農業経営の方法は、地主階層、すなわちユンカー（Junker）を中心とするグーツヘルシャフト（Gutsherrschaft）、すなわち隷農による大農場の直営経済という形をとる。このユンカーが後にプロシアの軍人や官僚の担い手になってゆくのであります。

一方、本国では各地に都市ができ、手工業が発達する。そこではだんだんと穀物が足りなくなる。だからエルベ川以東の植民地域に穀物を買いに行かなければならない。本国の町の周囲でできる穀物よりもそちらのほうが安いとか、あるいはそこへ手工業品を売って、その見返りに穀物や木材などを持って帰るという形で、船舶による大商人の活動が現れるのは、これは当然のことであります。こういう傾向が進みますと、やがてヨーロッパの全体が、経済的にみて、一つの大きな単一価格体系の世界を形成する結果となります。そしてそこでは、コストがわからない商品を取引するのではありませんから、原価や運賃などがお互いに解り、商人は経営を合理的に行わなければならなくなる。ハンザの商人などは、たとえば今年はモーゼルやボルドーの葡萄の作柄は、気候の関係でどうだという情報をみな知っているわけです。したがって、大きく言えば西ヨーロッパ全体が、お互いに経済的な諸情報がわかり、その上で競争して取引する。また原料のほとんどはその土地でできたものであり、それが各都市で加工される。いわば一つの大きな経済圏となるわけで、この点が東ヨーロッパ、特にロシアの場合と非常に違うところであります。この相違は、ちょっと聞くと何でもないことのように思えるかもしれませんが、実はこれが西ヨーロッパ世界の特色を考える重要なポイントだと、私は考えます。

要するに、十二世紀を転期として、麻織物・毛織物・葡萄酒・穀物等々、特産物化の傾向が現れ、都市と農村の有機的な関係ができるとともに、物資流通のシステムが、だんだんと全ヨーロッパに拡大し、ヨーロッパが単一価格体系の場となるというのが、東ヨーロッパとくらべての西ヨーロッパの特色であります。東ヨーロッパでは、市場への窓口を閉ざされた村落であり、価格体系の不明な外地の奢侈品が、いわば農村の頭越しに、貴族階層の需要のために流通する、という傾向が圧倒的に強いのであります。

そこで経済史家たちが、こうした西ヨーロッパの状況をどういうふうに見てきたかということを、十一世紀ないし十四世紀の把え方の問題に結びつけて申し上げてみたいと思います。ご承知の方が多いだろうと思いますが、従来の経済史の概説書では、この時代の経済状態を、「都市経済」の段階として規定してきました。その意味は、封建諸侯が、自分の領域全体の経済の発展を促進させるような政策をまだ自覚していない。別の言葉で言いますと、経済主体というものは、あくまでも都市自治体であるという、そういう状態でありますため、このように規定したのであります。

この把え方にはそれ相当の理由があるのでして、「国民」というものが経済主体になって経済政策が行われ、国民の富を増やすための諸政策が行われるという段階を「国民経済」と呼ぶのと、相呼応しているのです。すなわち、国民経済が出現する前段階を都市経済と考える。一部の論者は、都市経済と国民経済の中間に、「領邦経済」の時代を考えますが、三段階説をとる人は、封鎖的な家族経済・都市経済・国民経済というふうに分けるのです。もう少し説明を加えますと、「エコノミー」という言葉はギリシア語の「オイコス」（家）から来ているわけで、エコノミーは、もともと家計のことである。そういう時には、そこにおける経済の理念は、生産と消費とが同じ家計内で完結することにおかれていた。実際においては金属製品や塩などは、どこの土地にでも産するというものではありませんから、どうしても外から買わなければなりません。しかし、可能な限り、自給自足をめざし、生産と消費が同一主体の中で完結しているというようなものを、理念的に「家の経済」と考えたのでありま す。それゆえ、都市を単位とする都市経済の概念は、私流の表現で申せば、それはまさに拡大された家計の単位という意味での都市であって、それを維持するために、もろもろの規制を伴う経済政策が行われる。こういうものを「都市経済」と呼びますと、その限りではそれは正しいと思います。もちろん都市には他の要素もありますが、基本的には、都市というものが、十一ないし十四世紀においては、他の何ものにも増して顕著な経済主体であったとみてよいと思います。

ところで、中世都市が、古い時代の家の場合のように、自給自足という理念を持っていたかという段になりますとそうは言えない。段階説を唱える経済史家は、都市経済の特色として、生産者と消費者とが直結している段階、すなわち顧客生産という特色を考える。つまり顧客から注文を受けて生産物を作る。あるいは周囲の村から町に出かけて行って野菜などを売る。そして農民は町で手工業製品を買って帰る。このような状態を、自給自足の家の経済に比べて、都市経済の特色であると見る。そしてその次の段階は、生産者と消費者との間に、無数の仲介商人が介在していて、誰がつくったものかわからないものを消費するという、市場めあての生産が一般化する段階で、それを「国民経済」というのです。ご承知のように、今日の市場生産原理に立つ国民経済は、途中の段階では商人もおれば、新聞広告もあり、各メディアによる宣伝もあるという具合に、いろいろな形のものが生産者と消費者の間をつないでいるわけですが、それが国家という単位の中で一応完結していることを理想としている。そういうのを「国民経済」という。こう考えて行きますと、それでは中世の都市が、はたして顧客生産というようなものを主にしていただろうか、ということが問題となります。

この問題を実証的に調べてゆきますと、中世都市の経済は、とてもとてもそのようなことができない環境ないし体制下にあったことがわかります。たしかに都市経済は、一面においいて、周囲の農村との関係で、封鎖的な単位を保持しようとする傾向がありますが、他面では、それ以上に強く、できるだけ広いつながりをつくり出して、自分の町を他の町よりも商工業の盛んな町にしたいという都市のエゴイズムがあることを見のがせないのです。ですから、都市経済は、一方では封鎖的になろうとし、他方できわめて開放的に、しかもエゴイスティックに、自分だけが広い経済的つながりをつくろうとする、いわば両面の経済意志を持つものだと私は考えています。「狭く住み、広く考える」ということが、中世市民の生活感情であったのです。

ですから、たとえば北ドイツのAという都市の商人が商品を持ってイタリアのBという都市へ行く時には、その途中にあるCおよびDという都市を必ず通らなければならないという、都市相互間の個別的取決めを結ぶ。それはどういうことかというと、その商品を持って、C、ついでDという町へ来て、そこの市場の陳列場にその商品を売りに出さなければならない。これは特産物、たとえば織物などに多いのですが、とにかくそうして残ったものを持ってまた次に行く。これを「通路強制」といいます。このようにいろいろな個別的な取決めを他都市との間で行いまして、比喩的に申せば、ちょうど網の目の結び目をできるだけ太くしようと競争する。ですから大きい結び目もあれば、小さい結び目もある。このような格好で、先ほど申したように、全ヨーロッパ的経済圏の中で、自分の町だけが、太く大きな結び目になろうとする努力、これが都市経済のもつ重要な一面なのであります。

都市経済の封鎖的な面に反して、この開放面を特に強調しましたのが、ハンザ研究の第一人者、フリッツ・レーリッヒ（Fritz Rörig）であり、レーリッヒはこの状況を「中世的世界経済」という語で表している。私も、それは西ヨーロッパ独特の現象かもしれませんが、一応、「中世的世界経済」という名で呼んでよいのではないかと思います。なぜなら、当時はまだ「外国」という観念よりも、「よその町」という考え方の方がはるかに強く、特に経済面では、あくまでも個々の都市が主導権を持っていたのですから。

それからもう一つ大切なことは、いままで言ったことからもご想像がつきますように、この十二世紀から十四世紀という時代は、植民や開墾をおこなって、いろいろな地域からいろいろな部族の人たちが集り、その人たちによって町や村ができてくる。それからまた十字軍の遠征によって、キリスト教徒以外の異教徒の世界と接触する。その十字軍というのは、フランスからも、イギリスからも、ドイツからもというふうにして、各地から集ったものですから、遠征の間に同じキリスト教徒である「ヨーロッパ人」という新しい意識、すなわち諸民族のインテグレーション（統合）が行われ、それが非ヨーロッパ世界に対立する意識となって確立される。これは非常に大きな歴史的意味を持つ変化であり、真のヨーロッパ意識はようやくこの頃に成立したとも考えられるのであります。

この変化の原因を、従来考えられていましたように、単にキリスト教徒と異教徒との対立意識と考えてよいのかどうか。もちろん十字軍をみても、あるいは東ドイツ植民運動をみても、キリスト教徒という意識が大きな作用を及ぼしたのですが、私はそれだけではなく、先ほど申したような、社会経済的な意味での共通の基盤というものを持っていたということも、きわめて大きな背景をなしていたのではないかというふうに考えています。

3　北欧商業圏と地中海交易圏

それでは次に、ヨーロッパという、統一的な経済体制、すなわち漸次に形成されゆく単一価格体系の世界を、大きく別の観点から総括してどんなふうに把えたらよいか。私はごく大ざっぱに、これを三つの地域に分けて考えてみたらよいのではないかと思います。

三つの地域といいますのは、一つは、南はリスボンから北はロシアのノヴゴロドに至る北海、バルト海沿岸一帯を含む地域で、主としてドイツ・ハンザの活躍舞台であります。二番目は、ライン、ドーナウ両河の中流からフランス東部一帯を含む内陸地域、この地域には、点々とできてくるメッセ（大市）、あるいは両替をめざす金融市場がその特色であります。すなわちローカルなマーケットではなくて、国際的な大市でして、実例で申しますと、フランス東北部のシャンパーニュの諸都市とか、さらに現在もそういう役割を保っておりますスイスのチューリッヒ、あるいはドイツのフランクフルトやライプチッヒ、オーストリアのウィーンというふうに、北と南との仲介的な役割を果す商取引と金融の中心地帯であります。そして三番目は、イタリアの都市国家が、相互に競争し合いつつ地中海と東方貿易を行う地中海交易圏であります。そこでは申すまでもなく、ヴェネチア、ピサ、ジェノヴァ、フィレンツェなどがその主役であります。

この場合、先にも述べたように、北海、バルト海を中心とした北欧商業圏では、百近い北部ドイツ都市の同盟であるハンザの商人が、交易の主役を演じたのでありますが、このやり方は、地中海交易圏での活動が、イタリア都市相互間のすさまじい競争によって行われたのと、大きな相違があります。

それでは次に、このような三大地域の総合としての全ヨーロッパ経済圏が、非ヨーロッパ世界とどういう関連を持ち、またその中でどのような商品が交易されたかを見てみましょう。まずイタリアの商人が出向く東地中海沿岸の諸都市、特にコンスタンチノープルで接触する商人の中心はアラビア人であります。アラビアの商人は、いわゆる南海貿易と呼ばれるインドや東南アジアからの貿易品を、海岸沿いに小さい船で東地中海の港町まで運んで来る。あるいはまた内陸を通って東方異民族のキャラバンが来る。こうしてコンスタンチノープルなどへオリエントや南海のもろもろの商品がもたらされ、それをイタリアの商人が仲介してヨーロッパで売りさばくというしくみであります。

そこでこんどは、こうした交易体制全般を見渡して、その取り扱い商品というものを考えてみますと、これがまた、非常に面白い問題を含んでいる。私が先にロシアのお話をした時に言いましたように、どういう商品か、誰の需要のためか、誰によって生産されたか、どういう形で取引されたか、ということを吟味するのでなければ、ただ単に商業交易が盛んであったとか、各地の船が集って来たとかいうだけでは意味がない。そこで扱われた商品を考えてみますと、北欧商業圏、すなわちハンザ領域で扱われたものは、羊毛・毛織物・麻織物・葡萄酒・穀物・木材・金属製品、それから、かなり大きなウェイトを持っておりますのは、スウェーデンの南からデンマークへかけての海域でとれます鰊(にしん)、それからノールウェー海域でとれる鱈(たら)などであります。鰊と鱈はヨーロッパ人のいちばん日常的な安い食料でした。その他こまかく言えば、いろいろの商品が挙げられますが、重要なのはこういった商品でした。

次に、イタリア商人がアラビア人から買うものは、これは言うまでもなく、胡椒・香料・薬品・染料をはじめ、象牙・宝石・絹および絹織物といったふうに、ヨーロッパで産しないものであります。

なお余談ですが、この時代にはイギリスはまだまだ全くの農業国でして、貿易は文字通りパッシブ・トレード、つまり受け身の貿易で、自分のほうから出向くということはほとんどありませんでした。したがって北欧一帯の地域で活躍した貿易の主役は、何といっても都市同盟としてのドイツ・ハンザであります。ハンザに加盟したのは、一時的に加盟した都市を加えますと、百近い町が数えられます。「ハンザの都市は七十七」という諺がありますが、これは実はたくさんというだけの表現なのです。そしてこのハンザ同盟の中心は、言うまでもなくリューベックであります。ハンザは後になりますと、艦隊を持ち、軍事力を持って、外国と戦うことになりますが、これは要するに、国家ができる前における商業交易の、中世末期における一つの代表的なタイプとみてよいでしょう。私は最近、ハンザ同盟のように、国家の枠組に囚われないで、姉妹都市を世界中につくり、都市同盟を結んで、戦争が起らない工夫ができないものだろうかと、考えています。

それから、この同盟の特色は、決った制度やメンバーというものを持っていないのです。だいたいにおいてリューベックでハンザ会議が開かれるのですが、時にはハンブルク、ロシュトック、ダンチッヒなどで開かれることもある。そして問題ごとに参加都市が変動する。たとえば、ある場所へ灯台を作る、その費用をどう割り当てるかという時には、その灯台と利害関係のある都市が集って決議する。あるいはデンマークと戦争する時には、お前の町はどれだけ兵隊や船舶を出せるか、ということで、そこで集って来た者がハンザの軍隊あるいは船隊として戦う。ですから組織は一応あるのですが、固定化した制度を持っていない、というのがその特色であります。それがかえってこの同盟を長続きさせた理由だとも考えられます。

ところがこの原理と、まったくとは言いませんが、非常によく似た形を持っておりますのがスイス誓約団国家であります。スイス連邦というのは、現在は二十六の州、すなわちカントンが集ってできている国家ですが、その歴史を見ますと、最初十三世紀の末に、シュヴィーツ、ウーリ、ヴァルデンの三州が「自由と自治」を守るために結んだ「永久同盟」が中核となり、その後だんだんと周囲の州と個別的に誓約を積み重ねていったものであります。したがってその誓約の内容は画一的なものでなく、たとえば東方から外敵が攻めて来た時には、どの州とどの州が軍隊を出すが、他は出さない、といったやり方で、問題ごとに州の負担や義務が異なるのです。今日の私どもから見ますと、いかにも緩いまとまりのように思えますが、実はこれが「自由と自治」を守る最も機能の高い団体原理であったのです。その意味で私たちは、ハンザと同様、近代国家ができる直前の団結体の在り方として、重視すべきだと思います。

ところで、話をもとへ戻しますが、ドイツ・ハンザはリューベックを盟主として北はノヴゴロド、ベルゲン、西はロンドン、ブリュージュ、それにバルト海にあるゴトラント島のウィスビー、この五ヵ所に「コントール」という商館を設けていました。これは日本の平戸や出島での貿易のやり方と似た形で、商館員にはいろいろ厳格な規定があり、男性に限られて、一定区域の囲いをいたし、門限がきまっていました。規定を犯した場合の処罰の仕方まで詳しくわかるのです。

北欧商業圏での交易は、だいたいこのようなものでしたが、イタリアの場合には、通商の主体は、個々の都市国家であります。ヴェネチア、ピサ、フィレンツェ、ジェノヴァなどが相互に競って自分の利益を得ようとするわけで、そこに苛酷な競争が展開することとなります。とりわけヴェネチアの如きは、アドリア海に沿って領土を持っていまして、コンスタンチノープルにまで及んでいました。こういうところでは、ハンザ都市に見られたような団体主義的な行動は全く見られません。

つぎに取り扱い商品について申しますと、イタリア商人が扱う商品は、一般的な表現でいえば、価格体系の不明な商品というか、要するにコストのわからないものをアラビア人から買うわけで、原産地へ行けばまるでただのような胡椒とか香料、それほどでなくても、どれだけ生産費がかかっているかということはわからないものが多いのです。ところが、西ヨーロッパの主要な商品は、自分の住んでいる地域で原料が出て、その地域で加工して商品になってゆくものが圧倒的に多い。鰊や鱈は豊漁か不漁かということで値段がきまりますが、毛織物や麻織物をはじめ、その他の加工品も、だいたい生産コストがわかるものです。このように流通商品の性格、したがってまたその経済環境は、ハンザ領域と地中海交易圏とではまるで違う。このことがまた、商人を支えている倫理、ひいては取引に対する心構えに大きな差を生み出すこととなります。つまり、イタリア商人の場合には、できるだけ安いものを買って、できるだけ高く売るという、仲介商人、すなわちコミッション・マーチャントの性格がきわめて強い。ですからそこでは、冒険・投機・欺瞞・競争とか、あるいはまた、出先の政治権力や特権階級と結び付こうという政商的性格が濃厚であり、自分たちだけで独占しようとする商売仕法が一般的となるわけです。そこで帳簿類を調べてみますと、イタリア商人の十四世紀頃の利潤率と、ハンザ商人の利潤率とではまるで違うのです。もちろん、前者には冒険があり、リスクも大きいのですが、仕入れた時の値段と売る時の値段とはべらぼうに違うことがわかります。これに反して、ハンザ商人の場合には、扱い商品の性格上、その利潤率は非常に低い。そこでは原料の価格も生産コストも、あるいはその作柄も、いわばガラス張りの市況といった様相を呈しているのです。だからそこでは経営の合理化、利潤の合理性という問題が、早期に意識されることとなるわけです。こういうコントラストから出てくる影響というものは、予想以上に大きな意味を持っています。

ここまで申し上げるともうすでにお気付きのように、このことと、この前の時間に申した、都市の市民構成の純粋さ、不純粋さという問題とが、相互にからみ合っていることが予想されます。イタリア都市では、封建貴族と大商人が結合した都市豪族や門閥が続出するが、ハンザ領域においては、少なくとも中世の門閥というものは出現しない。逆にいうならば、ハンザ領域では、個人力量の発揮ということが、団体主義のために立ち遅れているという社会環境なのであります。

この二つの対照を考えますと、これは私の非常に素人臭い考えですが、かつてマックス・ウェーバーの有名な『プロテスタンティズムの倫理と資本主義の精神』を読んで、非常に感動したことを想い出します。あの本では学校に学ぶ子弟の出自から書き起して、あの大きな問題に到達し、結局、プロテスタントとカトリックとの対照を資本主義の精神に結びつけて論じているわけですが、私としましては、同じことをもっと古い時代の、経済的・社会的な基盤の違いとの関係で考えられるように思えてなりません。すなわち中世都市の構造からいっても、あるいは取扱い商品からくる商人の倫理からいっても、何世紀もかかって、北と南とでは対照的な違いがあった。そしてまさにそのこととマックス・ウェーバーのいうプロテスタンティズムの倫理、あるいは、新旧両キリスト教の分布、それから合理的経営精神の有無などと、単純に原因・結果というのではないのですが、とにかく適合関係にある確率が高いと思うのであります。

歴史をやっていますと、何が真の原因かというのはよく解らない。現実には原因がたくさんあるわけで、したがって結果もいっぱいある。それゆえ、大ざっぱにいって、社会生活におけるる適合関係というものをまず見極めてみることが大切なのです。こういう条件があればこういう結果と非常に適合しているということを解明することです。社会集団の動きの適合関係を知りたいのです。

4　十五、六世紀にみる交易体制の大転換

以上、申し述べましたように、十二世紀から十四世紀の末までに完成したヨーロッパ的交易体制は、十五、六世紀に入りますと、こんどはその根底から、大きな転換を迫られることになります。この大転換は、いろいろな面から解明されなければならないのですが、まず一つは、ジョイント・ストック・カンパニー、つまり都市単位ではなくて、個人があちらこちらから出資して、先ほどラーフェンスブルク商事会社で申しましたように、非常に広い範囲の商人から資金を集め、ラーフェンスブルクに本店をおいて、商事会社をつくる、というようないわゆる合本制の企業が、だんだんと全ヨーロッパ的スケールで各地に出現するという問題です。

あるいはまた、南ドイツのアウグスブルクに本拠をおくフッガー家の場合のように、はじ

めバルヘントという綿毛混織の織物商から大きくなった財閥が、今度は鉱山業を営み、ついで金貸業になってゆく。先ほど私はハンザ領域では豪族は出ない、門閥は出ないと言いましたけれども、アウグスブルクは南ドイツにあって、鉱山に恵まれたところであり、またイタリアに行く途中でありますため、地場産業と地の利を得て、いわば中間の形態を採る現象がみられるのです。さらにイタリアでは、ご承知のように、フィレンツェのメディチ家のような大豪族、門閥が出る。

こうなってまいりますと、ギルドを中心にしていた中世的な経営形態は、とても太刀打ちできない。そこで、まだ国民経済の意識が出ていませんから、一種の見せかけの商業資本主義とでもいいますか、とにかく国境を越えた全ヨーロッパ的スケールでの、貨幣経済の時代があらわれる。それが十六世紀の大きな特徴であります。

そのことは、別の観点からいえば、サン・ジョルジオ銀行の起源、東インド会社のような株式会社の起源ということになりますから、詳しい話は略しますが、要するにヨーロッパ社会の内側からそういう新しい企業形態ができてくる。

ところが、それよりもっと大きな変化は、十五世紀の末からの新大陸と新航路の発見という事件であります。これはなんといってもヨーロッパ経済にとっては、今後の大きな発展のいわば踏切板であると同時に、過去何世紀も続いた中世的経済の終焉（しゅうえん）を告げるものだと思います。一四九二年にコロンブスがアメリカを発見する。次いで九八年にはバスコ・ダ・ガマが新航路を発見する。それから五十年近く遅れて、スペインにより、南米ペルーのポトシの銀山が開発され、まったく労働賃金のただみたいな、奴隷の如きものを使って、銀を掘り出すこととなります。

そういうことになりますと、イタリア人がいままでアラビア人から買っていた商品である胡椒・薬物・香料・宝石・象牙というようなものの原産地へ、ヨーロッパ人がじかに行くわけです。他方、フッガー財閥が独占的な収益のための生命としていた南ドイツやいまのオーストリア、チェッコスロバキア、ハンガリーにかけての鉱山の銅、とりわけ銀がじかに新大陸から入ってくる。これはもう根底からの大変革であります。

そこで急速に十六世紀はスペインの繁栄、イベリア半島の黄金時代となるわけです。しかしその黄金時代というものは、イタリア商人がおのおの都市国家単位にやっていたような、コミッション・マーチャント、すなわち自国の内陸の民衆の生活を良くしてゆくというのではなく、西ヨーロッパ市場への取次をしているだけで、これもやはり一種の見せかけの繁栄であります。

しかし、そういう時代が十六世紀にまいりますと、船をつくるにしても、いままでとは違った大きな国家権力が背景になければならない。一つの町の力や商人の合本制による資金ぐらいでは、新大陸や東洋諸地域へ行くような船をどんどんつくることは不可能です。

その結果、一時全ヨーロッパ的にその名を謳(うた)われたフッガー家をはじめとして、都市同盟で栄えたドイツのハンザ、あるいはイタリアにおける大商人の地中海交易というものは、いわば世界経済の構造の大転換に遭遇して、あえなく衰退に向わざるを得ないこととなる。しかし、そうした国際的交易の担い手の交替という大きな過渡期に、今度は国家権力を背景とする経済体制、すなわち国家単位にお互いに競争する、という意識が生れはじめるのです。これはもう近代へ足を踏み入れることを意味します。したがって次は、こういうことを踏まえながら、私が、「国民経済」とか、「国家」とかいうものを、経済・法律・政治・宗教などとの関連で、どういうふうにとらえたらよいか、ということを考えてみたいと思います。要するに、経済活動を、個々の家や村や都市中心では考えられなくなる時代がおとずれ、領邦とか国民国家というものが、経済活動や経済政策の担い手として、前景に押し出されることとなるのですが、次には、このことについて、私なりの素人の話をしてみたいと思います。

《質疑と応答》

問　都市がたくさんできたという場合、その核になったのはどのくらいの人口だったのでしょうか。非常に小さなものなのですか。

増田　たとえば中世であれほど有名な町リューベックでは、その盛時でさえ人口は二万ぐらいですね。ケルン、ロンドン、フィレンツェ、ミラーノなどは五万から一〇万程度、ヴェネチア、パリはもう少し大きかったといわれます。小さい田舎の町に行きますと人口二千ぐらいで、これを「微小都市」といいますが、それでいて、ちゃんと市庁舎を持っている。そこが村と違うところです。今でもライン川沿岸などで、結晶体のようなまとまりを示す二、三百戸の小さい町を見ることができます。

リューベックのように、川の中州に新しく建設された町について申しますと、都市をつくるという場合、ここの封建領主が、大商人などから成る請負仲間に、その事業一切をまかせるのです。リューベックの場合には、フランドルあたりの大商人が仲間をつくって、その開発を引受ける。そうなりますと、封建領主と、請負仲間との間に契約ができ、いろいろな形で領主に上納する義務を負う。請負仲間は、土建の仕事をする人たちに依頼して、そこの地割りをやる。そしていちばん良い市場広場の周囲に、たとえば二十四人の請負仲間ですと、二十四の屋敷を優先的に持つのです。皆さんご承知の、トーマス・マンの『ブッデンブローク家の人々』、あの小説の家屋敷も、この最も良い市場広場に面した場所にありました。今でもその姿が残っています。それからあと残った地域は、日本の城下町のように、ここは鍛冶町とか、ここは魚町とか、ここは塩町というふうに名前をつけて、あちらこちらから来た人たちに、地代を取り立ててわけ与える、というやり方です。ですから、建設当初の人口は、ごく小規模なものであったと思います。

スイスのベルンなど、アーレ川の湾曲部、三方を川に囲まれた段地にできた建設都市ですから、その発展には限度があり、現在でもその当時の状況が偲ばれます。

問　今日のお話にあった中世ドイツのイタリア政策と東方政策、これは大ドイツ主義と小ドイツ主義とどういう関係になるのでしょうか。

増田　大ドイツ主義というのは、イタリアと一緒になってこそ、ドイツ皇帝権の優越が保たれたという考え方が背景にあり、小ドイツ主義は、教皇とのつながりよりも、実力でスラヴ族の領域に進出して行くことが皇帝権の強化をもたらすという立場です。そこで、この考え方が、後にはプロイセンを中心とする政策のイデオロギーの背景となるのです。この対立は、歴史学界にまで影響し、プロイセン中心の政治史家と、オーストリアをも含めたドイツ民族全体を把える史家との対立となっています。しかし、経済史家の間では、先進的なイタリア北部と密接な関係を持っていたからこそ、内陸ドイツの発展が可能であったと見る考え方が一般的であります。

第六講　国家権力の質的変化について

鍛冶屋

1　人的結合国家から領域支配国家へ

このセミナーも、今日は六回目で、とうとう最後になってしまいました。それでは今までどおりに、ごく簡単に前回のまとめをして、最後の主題に入ってまいりたいと思います。

前回は、時代から申しますと、十二世紀ないしは十四世紀末において、ヨーロッパがどういうふうな社会経済状況であったかということを、主として交易・流通体制の面からお話したのであります。しかしそれは私の気持としては、決して経済史の通史のお話をしたのではないのでして、そこで申し上げたいと思っておりましたことは、東洋、ことに日本でこの問題を考え、東洋全体とはいわないまでも、東アジアという経済圏の中で、日本がどういう在り方をしてきたのか、という問題と比較考察してみる一つの視角を示すことであったのです。すでにお気付きのように西ヨーロッパには共通のシステムとでもいいますか、とにかく単一価格体系の形成に進む交易網ががっちりとできあがっている。逆に申せば、そういう共通の前提、共同の舞台の中から、どうして国民経済、あるいは、国民国家というものがつくられてゆくかという、たいへん興味のある問題が秘められている。日本の場合には、そのような東アジア全域の構造的な背景がない。少なくとも単一価格体系の世界という前提がないのです。しかも、ヨーロッパの場合には、われわれが常識的に考えるような国家単位ではなくて、あくまでも経済活動の担い手は都市であって、都市が網の結び目のような形で、経済活動を支えている。この点も、日本などとは違う。

それからもう一つは西ヨーロッパでは、イタリア商人のやり方を除けば、あとはすべて自分の住んでいる地域でできた原料で、その近傍にある都市の手工業者が製品をつくり、そのことによって都市と農村が、いわば有機的な関係を結んでいる。そしてその場合に面白いのは、特産物生産を軸に、都市と農村の関係が密接となるような地域が、新しい先進地帯となるという現象である。このことを、北イタリアからイギリスの東南部へかけての、ライン川を大動脈とした地帯について説明しました。

さらにもう一つは、これはちょっと精神史の問題になりますけれども、同じ時期に十字軍とか、エルベ川以東への植民、あるいは内陸開墾などを契機に、部族や民族の交流がおこなわれ、その結果として、ヨーロッパ人以外の世界に対するヨーロッパ人相互のインテグレーションといいますか、同質意識が出てまいりまして、後の白人の優越感、すなわちスラヴ民族やイスラム教徒、あるいは東洋人に対する西ヨーロッパ人の共通の意識が出てきた、ということを申しました。

さらに加えて、いま一つは、都市の型として南欧型と北欧型の差があることを述べ、それが取扱い商品の違いから来る商売仕法のモラルにも大きな影響を及ぼしたことを示唆しました。

そして最後に十五、六世紀になりまして、新大陸、新航路の発見により、ヨーロッパ全体が、その中世的な体制の大転換を迫られた事情をお話したわけであります。

そこで今日は、いわば共通の一つの体系、共通の基盤の中から、どういうふうにして今度は経済に対して国家権力がくちばしを入れることになるのか、なぜ経済が国家の政策の対象になるのか、という問題について考えてみたいと思います。ちょっと問題が大きすぎまして、私の手におえないのみならず、時間的にいっても、ちょっとまとめにくいのですが、一応見通しのお話だけをしておきましょう。

さて、今日のテーマは国家権力の質的変化、というまことに漠然とした名称をつけておきましたが、そのことに入る前に、ちょっと横道になりますが、最初の時間に申しあげた、三浦新七博士のヨーロッパの中世観といいますか、もっと大きくいえばヨーロッパ観というものを、もう一度思い起していただきたいと思います。三浦博士の考えでは、ヨーロッパ全体を考えるときに、主としては精神史、つまり文明のエッセンスを解明することをめざして、三つの要素を考えられている。一つは、ユダヤの宗教の特色、次いでギリシアについては哲学を考える。そしてもう一つ、ローマについては法律を考える。この宗教と哲学と法律、こういうものを共有して、それを一つの大きな頭陀袋（ずだぶくろ）のような形のものに取り入れてできてくるのが、カトリックの「キリスト教的統一文明」すなわちヨーロッパ中世というものだ、ということ。それがだんだんと十四、五世紀から、博士の表現によれば、それぞれの民族が、大きな蔵にしまってある古代の遺産を引き受けるだけの実力というか、とにかく独自の力が出てくるのに応じて、すなわち一人前になって育ってゆくのに応じて、幼いヨーロッパの諸民族が、それを教会という大きな宝蔵庫の中から自分のものとして引き出してゆく。その引き出しの過程で、イギリス的特色、フランス的特色、あるいはドイツ的特色という、いわゆる国民性というものを築き上げてゆくのだ、と見る。したがってそこでは古代の高度文明(Hochkultur)と中世の何を見てもナイーヴな非常に幼稚な芸術、あるいは社会が考えられており、高度文明の遺産を受け継ぐ実力を得てそれぞれ成人になってゆく過程で、国民性の発揮が見られるのだというまことにユニークな考え方があるのです。

これは非常に素晴しい構想であり、またヨーロッパというもののユニークな把握の仕方だと思いますが、こういう考え方は私の表現で言えば、ヨーロッパを、高度文明をどう受け継いで、それをどう自分のものとしてこなしてゆくかという過程、要するに高度文明の遺産の摂取・継受に重点をおいた見方だと思うのです。乱暴な言い方をしますと、従来は皆このやり方を亜流的に踏襲しておりまして、西洋史というと、エジプトから始まって、ギリシア、ローマ、そして民族移動を経て暗黒の中世になるというふうに考えていたのですが、私は最初の時間に申したとおり、そういう見方ではなく、ことに社会史などを問題にいたしますと、今現在にまで残っているそれぞれのヨーロッパ諸地域、諸国、あるいは諸民族の基層文化とでもいいますか、要するに日常生活で忘れようとしても忘れることのできない、それぞれの民衆の心の中にあるもの、そういうものをなんとかして発掘できないか、そんなふうに考えるわけです。これはなかなかむずかしいのですが、一例を申しますと、これも前に述べたように、われわれが引用する史料は圧倒的にというか、九割九分までがラテン語であり、高度文明社会の言葉であって、民衆の話し言葉ではない。しかし民衆の生活感情を知るためには、官用語あるいは知識階層の言葉でなく、話し言葉の世界というものを、たとえば民俗学だとか、言語学だとかを援用して再構成してゆかなければならない。高度文明だけではない素朴な庶民の世界の発見が大切なのです。これを日本社会について言えば、漢文の世界だけではなくて、話し言葉の世界がどういうものであったか、という問題なのであります。日本は非常に特殊で、祝詞・万葉集の昔から話し言葉が立派に史料として今に残っていますが、ヨーロッパではこのような事例は少なく、圧倒的にラテン語史料であります。

このように基層文化というものを考えようとしますと、ヨーロッパではまずケルト族とスラヴ族の基層文化、そして何よりも大切なのはゲルマン民族の生活感情といいますか、ドイツ語でいう「ゲルマーネントゥーム」の理解であります。強いて言えば「ゲルマン民族態」とでも訳すべきものであります。こういうものを、ギリシア、ローマの高度文明を考えるのと同程度、いや、問題によってはそれ以上に考慮して、ヨーロッパ社会を考えるのでなければ、いわば上澄みの変化だけを追うことになるのではないか。もっと一般化していえば、ギリシア、ローマの高度文明の行き着くところはローマ世界帝国だったわけですから、それを仮りに「ロマーネントゥーム」と考えますと、ビザンツやロシアの歴史を研究する際は、「ロマーネントゥーム」と「スラーヴェントゥーム」。それから西ヨーロッパを考えるときには「ロマーネントゥーム」と「ゲルマーネントゥーム」。その二つに同じような強さの考慮をはらう必要があるように思うのです。ただ残念なことに、高度文明の足跡は記述された史料がたくさんあるが、しかしその多くは、いわば支配者側、あるいは知識階層側の史料である。だからそれだけでは、民衆のものの考え方、つまり話し言葉の世界はよくわからない。私は最近、このことを非常に強く感じているのです。

それが、私が今までちょいちょいと触れました村というものの考え方、町というものの誓約団的性格をはじめ、ここではお話ししませんでしたけれども、封建社会における主従関係の考え方などにもあらわれているのです。それから後でお話しします。公けのものと私のもの、つまり公・私というものが未分の状態で団体生活が行われている。また村なら村というものを、そこのメンバーである自分から切り離して別人格と考えることができない。言いかえると法人という考え方はローマ人の考え方であって、ゲルマン人には存在しない。だからゲルマン人の場合には、原則として、中世では不在地主というものは考えられない。そこのメンバーであるということが、入会地を利用したり、いろいろな権利を行使する基礎になっている。その他、まだたくさんありますけれども、そういう問題に私は興味を持っているのです。

その話し言葉の世界というものは、少し余談になりますけれども、最近「無文字社会」の歴史研究が注目されていますが、これは何もアフリカ社会のような対象だけでなく、少し拡大解釈しますと、ヨーロッパの中世でも必要なのです。たとえば、フランク時代の部族法典や中世中期の法書(ほうしょ)などを見ましても、そこにいかに法律行為のシンボリーク(Symbolik)と言いますか、要するに象徴主義的な要素が多いかがわかります。たとえば「王様の手袋」を棒の先に乗せて立ててあるだけで、そこは平和の場所であるとか、鐘の音をどういうふうに打ったときには何を意味するとか、笛をどういうふうに吹けばそれは何を告げるものだというような、シンボルの世界がそれであります。また土地の売買のときでも、土壌を手ににぎって投げるとか、特定の木の葉をどうするとか、数えあげるときりがありませんが、学者はこれを「法象徴」（Rechtssymbolik）と呼んでいます。それは書かれたものとしての法ではなくて、いわば地域や民族の古来のしきたりとして、ずっと広く行われていました。

それから、ギルドなどを見ましても、なになにギルドの同じメンバーであるということを、旅行中に会ったときでも証明し合う符丁（ふちょう）のような合言葉があり、挨拶の仕方や仕草まで決っているのです。そういう庶民世界の意味は、書かれた法律の規定などにはありませんが、これは民衆の意識を調べるのに、非常に大事な意味を持っているのです。

もしそうだとしますと、ヨーロッパにおける国民性といったものを考えますときには、先に述べた三浦博士のやり方とは違って、つまり高度文明のエッセンスからの影響を考えるだけでなく、北欧に残っております、古いところでは「ベオウルフ」だとか、十二世紀になりますと、今日本でも紹介されております「エッダ」とか「サガ」、あるいはもう少し下りますと、「ニーベルンゲン・リート」というようなものの中から、ゲルマン古来のものの考え方を推測してゆくことが必要となります。

これも前に申したことですが、ヨーロッパでは話し言葉の文学や史料が出て来ますのはだいたい十二世紀以後であります。それと比べますと、日本というのがいかに古くから漢字文明から脱却し、あるいは漢字文明をうまく自分のものとしてこなした国民であるかということがわかります。アジアの他の諸民族のことはよく知りませんが、少なくともお隣りの朝鮮などと比べれば、遥かに古くから万葉仮名とか、漢文を読むときの乎古止点とか、片仮名や平仮名を巧みに考案しまして、歌をよみ、文章をつくる。他方、お公卿さんや学者・僧侶などは、教養を誇示して漢文の日記を付けたり、漢詩をつくったりする。公文書はもちろん漢文が圧倒的に多かったですから、一種の二重の言語世界であった。万葉集には「よみ人しらず」とか、「防人の歌」とか非常に広い階層の歌が収められていますが、ああいうものが古くから日本に残っていて、それがそのまま現代のわれわれにもわかる。これは、ヨーロッパ人が驚くほどの巧みな異文化摂取の現象ではないかと思います。

だいぶ話が横道に逸れましたが、ここで本日の主題であります国家権力の質的変化という問題に入りたいと思います。ところが、これはたいへん大きな錯綜した問題でありまして、一筋縄ではどうにもならないテーマであります。実のところ、私にはなかなかうまく説明できないのですが、まあ日本と比較しながら、ヨーロッパの国家の性格を申してみたいと思います。

さて、ヨーロッパの封建制度を考えてみますと、国王や皇帝といえども、封建諸侯の中の第一人者に過ぎないのであって、自分の立っておる経済的基盤は、直轄領、すなわち御料地があちこちに散在しているというだけで、いわば大領主なのです。ですから、現在私たちが考えるような帝国全体、国全体からの税金というものは、中世では、皇帝も国王も取り立てていない。ここがローマ帝国の統治と違う点の一つです。

ただ例外がありまして、「レガーリエン」(Regalien) という、王に特殊なる権利、すなわち固有な高権があります。それはどういうものかといいますと、道路・河川、あるいは鉱山に対する権利とか、また中世の初めのうちは貨幣鋳造権。これはおそらくはローマから入ってきた影響だろうと思います。そしてこの高権の一部を「封」として諸侯に与えてゆく。そういう状況の中からどうして国家というものができてくるのだろうか。

この質的変化という問題を抽象的な言葉で言いますと、次のように言ったら良いのではないかと思います。その一つは、中世の十二、三世紀までは、いろいろ地域差はありますが、基本的にいえば、支配の構造は人的結合に重点をおく国家であります。人と人との個別具体的な関係が根幹をなす国家であります。ところが十二世紀以後になりますと、それが領域支配国家、つまり散在する各地の所領でなく、一定地域の一円支配を確立しようとする国家となるのです。そのため、人と人との主従関係のつながりと所領への荘園領主権によって成り立っている本来の封建制度が、それとは次元の違った一円支配の諸権利、たとえば裁判権とか軍事的な権利を持つものの下に、一括して服することとなる。ですからある有力な荘園領主が、一定領域の裁判権を握り、城主として城を構えますと、その領域内にいる他の多数の荘園領主は、当然その領域支配下に入るということになります。その場合、荘園というものが領主の私的な支配でありますため、それとは別の、より高次な、公的な領域支配としての城主制が生れることとなり、ここでようやく公・私の区別が芽生えるのです。

しかし、このように公・私の区別、あるいは私的な所有関係を越えた一定領域への一円的支配が発生しますのには、いろいろの起源が考えられます。一番プリミティヴな形では、九世紀末からあらわれる一定期間の休戦思想ですが、これがやがて「マルクトフリーデ」(Marktfriede)、すなわち「市場平和」と言いまして、市が開かれている間は、そこで流血の事件を起すことはできない。それはたいへんな厳罰になる。それを象徴しますのが、先ほど申しました王の手袋とかマントといったシンボルを市場に立てるというしきたりであります。それが後には、だんだんと勇敢な騎士ローラントの像を建てるということになります。その代表的なのは、今もブレーメンの市場に建っているものですが、あのへんの田舎町を歩きますと、どこにでもローラントの像が建っています。なかには鍾馗(しょうき)さんのようなものもありまして、ほほえましく思った経験があります。

なお、「市場平和」という時の平和（パックス）は、単なる平和ではなく、同時にもともと「刑法」の意味をも含む言葉であったのです。これはたいへん面白いことだと思います。

ところが、こういう考え方とは別に、クリューニー修道院を中心に十世紀の末から南フランスに起ってドイツに入ってくる思想に「神の平和」(Gottesfriede)、あるいは「神の休戦」(Treuga Dei) というのがあります。それは教会が発起人になりまして、一定の期間、一定領域内での「フェーデ」(Fehde)、つまり私闘を禁止する誓約を行うという制度でありますす。こうなりますと、もしその誓約を破るものが出た時には、そのものを制裁し、刑罰を加えるため、秩序や治安を維持するに足るだけの道具だてとして、騎士のようなものがいなくてはなりません。ここで、一定領域支配の秩序維持という問題が出てくる。これにはいろいろなケースがありますが、封建的な私闘がだんだんと大きくなりますと、それは結局戦争になってしまう。「神の平和」という思想は、やがて「神の休戦」思想として、一定期間、流血の争いを禁じ、何とかして事態を平和裡に解決させるのに役立つ作用をもっていたのです。この思想は十一世紀になりますと、ドイツに普及することとなり、休戦期間も長くなり、またそれが行われる領域も広くなってまいります。

妙な話ですが、私は先年のベトナム戦争や、最近の中近東の泥沼のような争いを見て、なんとかして、この中世の知恵である「神の休戦」思想を再現できないものかと何度思ったかしれません。ただ現在では世界に通ずる宗教的権威がなく、また誓約違反を罰するしくみが整っていませんから、やはり無理でしょうが、世界平和への哲学として、一考する価値があると思います。

この考えが十二世紀の初めになりますと、こんどは封建諸侯の場合は自分の治めている地域全体、皇帝だったら帝国全土に対して、これも一定の期間、和平令、すなわち「ラントフリーデ」(Landfriede) を発布するということに発展します。そしてその領域内での私闘、ひいてはその延長である戦争を禁ずるという企てを行うのです。これはそう長くは続かずに、やがて壊れてしまいますけれども、とにかくその過程で領域支配の考え方と私的なものに対する公的なものという思想が漸次に拡大し、普及してゆくことになります。しかしまだこの段階では国民国家などという考えが出ていないのは言うまでもありません。

ところが、この変化とは別に、もう一つ、先ほど少し触れたことと関係しますけれども、もともと公・私の区別がほとんどなかった状態から、公と私とは別だという考え方を、ごく日常生活に即して出してくるきっかけをなしたものは何かと申せば、私はなんといっても中世都市であったと思います。都市の生活は自分一人では暮せないから、どうしてもいろいろの公共の施設に頼らざるをえず、したがってそれを壊すと非常な厳罰に処せられる。こういう日常生活の間から、農村では考えられない公共の世界という考え、ひいては公と私の区別がはっきりと民衆に自覚される。その意味で中世の都市は大きな役割をはたしたのです。

ここで、先ほど申したことの繰り返しになりますが、土地領主制と裁判領主制ないし城主制との区別について、もう少し立ち入った説明をしておきたいと思います。土地領主制すなわち荘園制というのは、先祖代々の世襲地・封・寄進・売買・交換などによって取得された土地への、いわば私的な支配であり、原則としてきわめて広範囲に散らばっているものであります。大きな修道院などになりますと、それが数百ヵ所に散在している例も少なくありません。聖界所領は、信者の寄進による場合が多いですから、その結果、当然一つの村の土地が複数の荘園領主の下に立つ、いわゆる一村多領主制となるのです。もっとも、荘園主庁の近傍には、一村一領主の村が多いのですが、ドイツやフランスでは、原則として一村多領主とみてよい。これに反し、イギリスのマナー（manor）の場合は、一村一領主が多いように思います。

そこで、荘園支配というものの絵を頭に描いてみますと、だいたい次のようになります。まず、領主の館邸または領主の私的な役人で分散所領の管理に当っている荘司（ヴィリクス）の居邸があり、その近くに直営地、そしてやや離れた所に、各農民の保有地が短冊状に混在した広い開放耕区が幾つかひろがり、そのまた外側に森や林や荒蕪地といった入会地がある。直営地は、平素は館邸のそばに住んでいる隷属民によって運営されているが、種播きや収穫時のような忙しい時には、一般の農民もこぞってそれに参加し、ふだんは一週二日か三日を、開放耕区に混在する領主保有地に賦役労働として提供する、というのが一般でありました。また三圃農法をとらない小村や散村では、かなり遠方からでも領主直営地に賦役の義務を負う一方、貨幣や特産物で代替させるケースも多かった。さらにまた、荘司による分散所領の管理範囲が広い場合には、集村の農民も、穀物を運んで荘司の居邸へ納めなければならなかった。農民に対する荘園領主の私的な裁判権も、こういう状態では、きわめて不統一なものであったと思われます。

ところが十二世紀になりますと、先に申し上げたように、村方の裁判があらわれ、村落がそれ自身、共同体的性格を強めてまいります。この動きと相呼応して、こんどはその地域における有力な荘園領主は、皇帝や国王から一円的な裁判権を認められ、要害の地、たとえば山や丘の上とか、四面に掘割のほどこされた場所とかに、城を築き、家臣団を集めて、実力による領域支配の根拠をつくることとなります。これはもう単純な「土地領主制」（Grundherrschaft）ではなく、他の荘園領主をも包み込んだ、その地方一帯の治安を維持するための、公的な「裁判領主制」（Gerichtsherrschaft）または「城主制」（Burgherrschaft）と呼ばれるものであります。そしてその支配のアパラート、すなわち道具立ては、言うまでもなく役人と軍事力でありますが、この両者の創出に大きな役割を演じたのが、家臣団であり、騎士であります。

十二世紀におけるこの変動は、実は社会階層の上昇下降、すなわちソーシャル・モビリゼーションの大きな振幅に関連しているのです。この波に乗って、いままで身分の低かった非自由民も、その能力により、自由民出身のものと同じように、家士となり、騎士に成り上ってゆくチャンスをつかむ。もちろん、家臣団の中には、それぞれの地域に昔から存在した郷士的な自由民もたくさんいるのですが、そのほかに非自由民出身者が加わることとなるのです。

このようにして、領域支配が成立してまいりますと、一般の農民は、公的な性格をもつ裁判領主ないし城主への貢納の義務と、私的な土地領主すなわち荘園領主への従来の義務との、二重の負担を強いられるに至ります。前者についていえば、たとえば城主が戦争に出かける時には、上納金を出さなければならず、地域の治安を維持する代償としては、裁判の手数料その他を支払わなければなりません。そのことと並んで、いままでは道路や水路の随所に、公・私混淆の形で、ほとんど無秩序に設けられていました通過関税（Transitzoll）の徴収所は、漸次整備されまして、それぞれの領域支配圏の境界、つまり国境関税（Grenzzoll）の徴収所に変じてゆく。ローレライで有名なライン川などでは、一時は盗賊団が勝手に通過関税を取り立てたほどで、公・私あわせて二百ヵ所もあったといわれますが、それが国境関税に整理されてくる。

以上、いろいろの事例を申しましたが、要するにそれは、私的な支配のほかに、公的な支配が蔽いかぶさる過程を述べたわけであります。そしてその公的なものの道具立てとなる手段は、家臣団であり、軍事力であり、一定地域の住民の生命と財産を守り、治安を維持する見返りとしての租税徴収であります。そこで、後世の租税の原型といえる種々の公課の企てがなされるのですが、これは国により、地域によって、非常にまちまちですから、ここではその説明を省略いたします。ただもう一つだけ最後につけ加えますと、同じ頃から俗界の城主による聖界所領の守護職、すなわちフォークト権の取得という現象が顕著となるという問題です。これが城主にとってたいへん魅力があったということは、軍事力と関係があった証拠だともいえましょう。

2 各国封建国家の相違

いずれにしましても、この領域支配の形勢は、十五、六世紀になりますと、ますます強まり、そのスケールもだんだんと大きくなってまいります。そして皇帝権力の弱体化したドイツでは、これが結局、いくつもの領邦、すなわちテリトリウムの分立状態となり、逆にイギリスやフランスでは、諸侯を押えて王権の優位、ひいては国民国家へのまとまりの基盤が確立することとなるのです。

イギリスやフランスで王権が強化されるやり方は、いろいろ考えられるのですが、そのほんの一、二の事例を申しますと、イギリスの場合には国王が都市の大商人をまずコントロールしようとする。そのよい例は、イギリスでは特産物の羊毛をドーヴァーの対岸のフランドルに輸出しているわけで、これが最も大切な商品であったのですが、この輸出向けの羊毛を扱う商人が相集って、「ステープラーの商人」という仲間をつくり、その仲間が国王から特権をもらって、独占的に取引する。逆にそこからイギリスの国王は経済的な財源を吸い上げ、王室の財政を豊かにする。それが後になりますと、毛織物を大陸側へ売りさばくマーチャント・アドヴェンチュアラーズのコンパニーというものを結成し、あちこちから集った商人から成るこの団体に王室が特権を与える。そしてそれと相似た関係が、あの東インド会社と王室の関係に発展してゆくのであります。フランスの場合も、形は違いますが、都市と一種の封建関係を結ぶことにより、王室は直接これを牛耳(ぎゅうじ)ることに成功したのです。

このように、十五、六世紀における王権の在り方に、イギリス、フランスと、ドイツとの間に差が出てくるのは、実はその以前から封建国家としてそれぞれの国が、異なった発展のリズムを示していたからであります。

すなわちイギリスはご承知のように、一〇六六年のノルマン・コンクエストによって、アングロサクソンの社会がノルマン人に征服された国でありますから、あの有名な「ソールズベリーの誓約」で述べられておりますように、何ぴとたるを問わず、イングランドで土地を保有するものは、まずなによりも優先して、征服王ウィリアム一世に対して忠誠を誓わなければならないという大前提がありましたから、ここでの封建制度は、初めから集権的な征服国家の性格を帯びていたのであります。

フランスの場合はそれと違いまして、カペー王朝が封建的な混沌の中から実力でのしあがってまいります基礎は、パリ盆地へのノルマン人の侵入を防いで、その実力を示したことであり、特に十二、三世紀から、王と陪臣との間に特別の支配関係をつくり、国王に対する諸侯の優先的な誠実義務を確保し、あわせて都市の経済力と王室との結合を密接にしたからであります。

これに対してドイツはまったく違った道を歩みます。ここでは部族的なまとまり、たとえばシュワーベン、ザクセン、フランケン、バイエルンといった具合に、いわば自然発生的な部族単位の意識が根強い。その中で、それぞれの有力な家柄が支配階層として、民衆に臨んでいる。そういう理由からドイツでは王権が特別の優位を確保することができない。神聖ローマ帝国の皇帝といえども、前に申したように、全体を統治するに足る実力、すなわち軍隊も官僚も持ちあわせていない。また皇帝には首府もなく、国中の直轄地を転々と歩きまわっているわけで、わずかに聖界の勢力を味方につける政策をおこなっている有様であります。それゆえ、イギリスやフランスが集権に向う封建制度であるのに反し、ドイツはだんだんと連邦的封建制を決定づける方向に進んでいったのであります。

またイタリアの場合は、ご承知のように都市国家と領邦の分立状態が長年にわたって続き、たとえイタリア人という意識がかなり古くから育っていたにしても、その政治的な統一は十九世紀中葉に至るまで実現しなかったのです。

　このように、それぞれの国により、地域によって、大きな違いがありますけれども、とにかく今までのような、人的結合の政治構造ではなく、一定のまとまった領域を支配すること、つまり「国境」の思想が前面に出てきて、それを可能ならしめる手段としての軍事力と、租税、それから上級の裁判権を持つものが、城を構えて民衆にのぞむこととなったのです。そしてその城も、アルプス以北では田舎に築かれましたが、イタリアなどでは都市の中に設けられるケースが多かったといえます。

3　農民一揆・農民戦争の背後にあるもの

　日本とくらべて、ヨーロッパの場合のもう一つの特徴は、等族、すなわちシュテンデという考え方が、単なる身分というのでなしに、上からの支配に対応する政治的な役割をはたす意義を示したことであります。しかしこの等族というのは、国により、地域によって、その成立過程や内容が非常に複雑でして、簡単に説明するのはたいへんむずかしい問題なのです。したがって、ここではただ一つだけ、その顕著な一面を言っておきますと、それは貴族とか騎士とか、市民とかが、国家や領邦ごとに、君主の支配に対して自分たちの共同の利益を擁護するために団結し、いわば横に結ばれて、やがて身分の代表による議会制を作っていったという点です。これを「等族国家」ともいいますが、この制度により、国王や領邦君主の勝手気儘な支配に対抗すると同時に、そのことによって、「国家」というものがだんだんと客観化されることとなりました。言いかえれば、ヘルシャフトに対するゲノッセンシャフトの精神の顕著なあらわれであります。

ですから、教科書などで「絶対王制」などといいますけれども、西ヨーロッパのゲルマン系民族の諸地域には、政治的支配関係は、法または慣習によって制限されるという理念が、一貫して脈々と存在していますため、「絶対王制」とか、「絶対主義」といっても、東洋人の私どもが理解するものとは、ひどく違うものなのです。いかなる支配者といえども、恣意的な一方的支配ができない法理の下に立っていますから、勝手なことを実行するためには、身分制議会を長く開かないという手段に訴えるしか方法がない。しかしこれは必ず反撃を受ける。こういう仕組ですから、絶対王制は東洋のデスポティズム、あるいはローマ皇帝の支配などとは比べものにならない、質の違うものであったのです。

このように考えますと、ゲルマーネントゥームのあらわれの一つは、ゲルマン古代における王と人民との間の誠実関係、つまり相互的な義務づけの理念が、形を変えてではあるが、一貫して中世の国家に流れており、国王や君主といえども、客観的な法に拘束されると考えられているということであります。それゆえ法や慣習を侵害するときは、人民の反抗権がいつでも発動する可能性を持っている。もちろんこの反抗権（Widerstandsrecht）の性格は、単にゲルマン的という観点からだけでなく、教会との関係もあるのですが、いずれにしましてもそれは東洋人の法意識とは異なったものであり、それが身分制議会の考えを支えていたとも考えられるのです。

それからまた、十二、三世紀になりますと、ボローニャの大学などを中心に、ローマ法の研究がおこり、ヨーロッパ各地から集った若い学生が、やがて法の専門家として、領邦君主や国王に仕え、伝統的な諸慣習や法を、ローマ法の概念にすりかえて解釈し、権力の強化に奉仕してゆくということになります。こうして、国家の領域支配の道具立てが整ってきますと、こんどは経済の方でも自分の領域全体を繁栄させるという意識が、いろいろな格好で、財政政策として出てきて、まず王室や諸侯がその財政を豊かにし、役人や軍事力を強化する策に出るのですが、このセミナーでは残念ながらそこのところに触れることはできません。

しかし、そうは言うものの、十四世紀の前半までの段階では、たとえ領域支配の考えが出ていても、まだまだヨーロッパというものは、この前の時間にも申したように、全体として共通の基盤の上に立っていて、政治的にも経済的にも、いわば開かれた世界であったのですが、この体制に対し、経済的にも政治的にも大きなショックを与えたのは、例の十四世紀中葉に起った黒死病の大流行であります。これによって直ちに体制が変ったわけではありませんが、この事態が古いヨーロッパの経済の在り方を変える最大のきっかけとなったことは、否定できません。ペストによって人口の三分の一も減るということは、これはなんとしても、土地と労働と資本とのアンバランスを、急激に引き起す結果をもたらしたわけです。だいたいペストで減少した人口が、もう一度、その段階にまで回復するのには、十六世紀初めの宗教改革の頃まで待たなければならなかったといわれます。そうなりますと、領邦の君主は激減した労働力、あるいは資本、そういうものをどんな形で、それぞれの地域の状況の下で復興させ、自分の領域を富ますことができるか、という大きな課題にぶつかるわけです。

イギリスの場合には、その一つがエンクロージャー運動の促進による羊毛生産の盛況ということになりますが、他のところでは、自分の領域内の特殊な産業を保護する、あるいは鉱山を開発するといった具合に、いろいろな格好で、国家・領邦のそれぞれの領域支配に適合した産業政策の遂行となってくるのです。しかし、まだ国民国家や国民経済になっているとはいえませんが、それに向っての大道がひらかれてくるわけです。ここのところを各国それぞれの事情を考慮して、詳しく説明する余裕がありませんが、その一般的な状況だけは、だいたい理解していただけたと思います。

そこで、今まで申し上げたところをもう一度、考え直してみますと、ヨーロッパ中世というものの意味は、いろいろの観点から総括できるのですが、ここで強調したい私独自の考えは、次の点であります。すなわち、ヨーロッパの中世は、ローマ世界帝国の否定という大きな成果を、実に千年かかって成しとげたのだということです。もちろんそれは、その過程において部族国家、封建国家、あるいは等族国家などの形をしめしたのですが、その到達したところは「国民」(Nation)という新しいまとまりの上に立つ国家であり、しかもそれは二度と世界帝国をつくらない独自の個性を持ったものであったということであります。そしてこの国民国家が、それぞれの国民性をもって、経済的にも政治的にも、お互いに競い合うという状態になる。それでいてヨーロッパには共通の遺産があるのです。先年、「ヨーロッパの時代」は終ろうとしている、これからの時代はアトランティック・エージ、つまり「大西洋時代」となるのか、それともユーラシアン・エージ、つまり「欧亜大陸時代」となるのかという議論があった時、それでは、世界史におけるヨーロッパ文明が果した役割は、何であったのかという反省を踏まえて多数の歴史家が寄稿し、『ヨーロッパの遺産』（全三巻・一九五四年・オックスフォード）という書物にまとめ、そこでヨーロッパはどんな遺産を後世に残すか、ということを論じたのですが、その論旨に共通していたことは、ヨーロッパが演じた世界史的な意味は、結局のところ、民衆の中にデモクラシーという精神を育て、それを守りぬく途を歩んだことだというふうなことを結論的に言っております。要するに、国民国家の議会制とデモクラシー、この二つの成果をヨーロッパ史全体の流れの中で跡づけることは、現在においても、いや、現在こそ非常に大切な問題ではなかろうかと考えます。

4　世界帝国・国民国家・小国の原理とその並存

以上、まったくの駆け足で、ヨーロッパ中世の社会や経済の話をしてきて、なかなかわかりにくかったかと思いますが、最後に、このセミナーのまとめとして、それが適当であるかどうかは、はなはだ覚束無い（おぼつかな）のですが、ご参考までに、私が長年ヨーロッパ史を学んできて、その中で感じておりますことを、最初の時間に申し上げたように、文字通り、素人の歴史観の総括として申し述べてみたいと思います。妙な言い方ですが、私は自分が中世史の専門家だなどとは思っておりません。しかし、大げさに申せば、現代のわれわれのおかれている状況を、歴史の勉強を通じてどういうふうに総観できるか、ということがいつも気になっているのです。それが素人の素人たるゆえんですが、しばらくお聞きいただきたい。さて、今までヨーロッパの特殊性に重点をおいたお話をしてきましたけれども、もう少し視野を広めて、およそ人間の歴史におけるいろいろな社会集団が、村といい、町といい、あるいは会社・大学・国家といい、さまざまな形で存在し、それらが問題ごとに重層性をなして私どもの生活を規定していることはご承知の通りですが、その全体像を把握する観点は、どうしたら見つかるのでしょうか。このことを考えてみたいのです。

そこでまず、私が最も気になることは、広く世界史上に現れた「国家」と普通に呼ばれておりますものを取り上げてみると、それは実に種々まちまちな性格のものだという点でありまず。その依って立つ根拠が、政治的・軍事的な権力、つまりゲヴァルトである場合もあれば、宗教である事例もあり、あるいは言語の同一性もあれば、民族が同一であるケースもある。またそのいずれでもない根拠によって、国家のまとまりを保持しているところもある。しかしそういうバリエーションというか、現象上の千差万別はここでは一応抜きにして、大きく世界史の中で国家の類型を考えてみますと、私は洋の東西を問わず、つぎの三つの型が考えられると思うのです。

その話に入ります前に、ここで私は数年前から考えております発展段階説というものへの疑問に触れておきたい。それは一般的に言いますならば、十九世紀以来、歴史学の方で、西ヨーロッパ、とりわけドイツの歴史学派の影響を受けまして、いろいろな歴史の発展段階を考え、歴史というものは、一つの段階から次の段階へというふうに、前のものを否定して次のものが起ってくる、というように考えることが常識となっております。たとえばマルクス主義の場合でも、原始共産制、奴隷制、封建制、資本制というような分け方がある。次々と変ってゆくというふうに理解されるのですが、それはある一つの観点から、理論化したときにはそういうことになるということで、現実の社会の実態は、そう簡単に前段階を否定して存在するものとは言えません。

同じようなことは、経済の発展についても論じられています。たとえば、経済発展段階説の最もよく知られた理論の一つである「家」、すなわちオイコスの経済、次いで村または都市経済、それから領邦または国民経済、最後に世界経済というような考え方がそれでありま す。

これを一つ例に取ってみますと、私の考えでは、現実の社会生活や経済生活の在り方をみると、世界中のもろもろの社会集団における経済の在り方は、決して段階的に次々と変ってゆくものではない。むしろ現実には、バウムクーヘンというお菓子のように、あるいは年輪みたいな諸段階の要素が同時存在している。すなわち一番真中の年輪を仮りに家の経済と考え、次にその外側のを都市または村の経済、その次を国民経済、最も外側を世界経済という

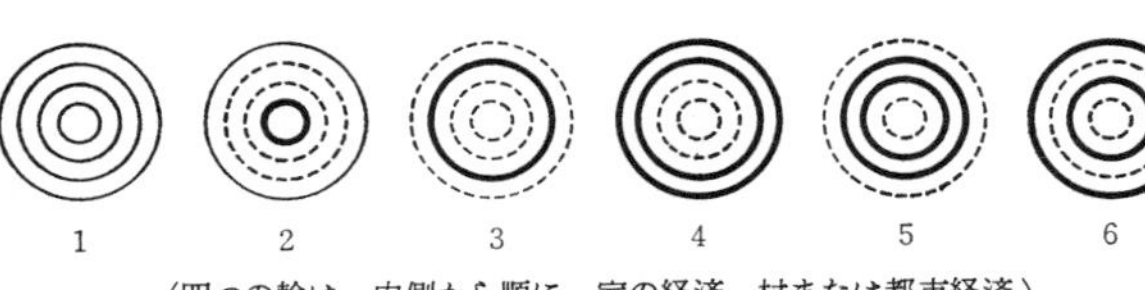

（四つの輪は，内側から順に，家の経済，村または都市経済，領邦または国民経済，世界経済を表わす．）

図３　「バウムクーヘン説」の一例

ふうに考えますと、その年輪の太さといいますか、濃さの違いがありますが、それはその経済の重点のおきどころが違うだけのことで、どこの社会でもこの諸段階の要素がいつまでも残っているのではないだろうか。前段階の要素を払拭（ふっしょく）して、次々と新段階に発展するなどということは、どこの社会にも見られないのではないか、と思うのであります。特に日本の場合には、国益とか、国民経済とか、なんでも国家単位にものをいうくせがついておりますから、今は国民経済のまとまりというのが何よりも重要なことのように思われていますが、現実に村の生活・都市の生活・地域の生活を見ますと、国民経済の観点だけでは把えられない問題、割り切れない問題がたくさん残っていることがわかります。

　またヨーロッパなどを見ますと、ドイツやフランスの田舎では、まだまだその地域特産のものを大切にする気風が強く、これも前にお話をしたことですが、チロール地方などではよそから入ってくる葡萄酒には税をかけるけれども、自分の村でできる葡萄酒はきわめて安く手に入れることができる。パンの種類まで地方で決っている。スプーンのデザインからコップに至るまでローカル・カラーが色濃く残り、土地の人たちはそれを守ることに誇りを感じている。そういう身の周りで日常的に使うものに対する地域的愛着というものは、子供の頃から心の中にしみ込んでいるわけです。ベルギーへ行くと、ホテルでも一般民家でも、みんな真鍮製の洗面器やコップなどを使っている。決して日本のように北海道から沖縄まで画一的なものを使うというようなことにはなっていない。消費者の意識が、単なる合理主義に走るのではなく、そこにけじめをつけて、歴史に根をおろしているのです。ですから、そういうところでは国際的な商品と、その国でできる商品、その州で流通している商品、その地方だけにある商品、その村や町だけのもの、といった具合に、商品が重層的に流通しているのです。これはヨーロッパでは、中小企業が存立しうる大きな基盤なのです。そしてそのことは、ヨーロッパで手工業がまだまだ多く残っているということの原因なのであります。

そうしますと、段階的に前のものを否定して次の段階に進むとか、あるいは国家の枠組だけが強いのだという考え方は、日本の場合を見ているからそう考えられるだけで、必ずしも一般的な現象ではない。日本の場合でも、国家の守備範囲と、地域の守備範囲、そして町や村、あるいは家の守備範囲というようなものを、もう少し大事にすべきではないか。これが私が地域主義運動をやっている一つの理由なのであります。なぜかというと、それは私たちの生活を豊かにするための一つの手立てだと思うからであります。つまりもう少し国家本位の経済や大企業本位の経済ではなくて、中小企業もそれなりに合理化できるような経済的な基盤と、経済的な意識とを、みんなで日常的に心の中に持つべきではないか。その点から見ますとヨーロッパの方が、まだはるかに強く地域主義的な色彩を持っていると思います。

次にアフリカなどに行きますと、今度はそこには国民経済などというものはもちろんない。またたとえば、何千という島からできているインドネシアなどを見ますと、そこには私どもが理解する意味での国民経済としてのまとまりはない。あの国では国民経済をどうしてつくりあげるかということが、大きな課題なのです。そしてインドネシアの各デッサ、すなわち村の経済には自給自足的な基本的性格があり、そこへ昔流にいえば、華僑をはじめ諸外国の商人や大企業の勢力が押し寄せて行き、村落の経済が世界経済の大波に洗われている。しかも村の経済には主体性がなく、あくまでも受け身の状態に釘づけされるということになっています。今はだいぶ変っていると思いますが、一時はこれを「二重経済」(dual economy) などと呼びました。要するにそれは、世界経済と村落経済のぶつかりであって、中間の国民経済のシステムが出来上がっていないということです。

そうすると、ここで大事なことは、家の経済・村の経済・都市経済・領邦経済・国民経済・世界経済という年輪のどこが強いかは、それぞれの状況によって異なるでしょうけれども、ごく一般論としては、だいたいこのすべてのものの調和の取れた経済や社会の在り方が、実は、豊かな気持・豊かな生活・多様なもののバランスのとれた状況であり、一つの基準からものをランキングしたり、先進・後進の度合を計るべきでないことがわかります。たとえば公害の有無、美しい水、美しい空というようなものをも、社会の在り方の健全度の測定に加味してゆく。そういう視角も、この考え方の中から引っ張り出せるのではないでしょうか。これは日本だけではなくて、世界中の社会集団の在り方というものを見る一つの大切な見方だと思います。ですから、私たちの豊かな気持を養うためには、何もかも貨幣価値で考えるのではなく、たとえば物の贈与や交換による経済、ある面は貨幣による経済、さらには信用による経済といったものがバウムクーヘンの年輪のように、並存するものと考えてゆくと、もう少し、今の日本のように、なんでも国家本位・大企業本位でない経済生活が実現するのではなかろうか。特にヨーロッパの現状と比較して、私はそういうふうに思います。

だいぶ横道にそれて、発展段階説批判の話をしましたが、それよりももっと大きな問題は、先ほど少し申しましたように、世界史の上に現れている「国家」というものを考えますと、ヨーロッパでは中世一千年を通じて、デモクラシーの原理、つまり支配に対する反抗権、団結権というようなものを絶えず大切に育てながら、貴族支配の社会からついには民衆が「国民」として、国政に参加する議会制民主主義を打ち立てたというお話をしました。そしてそれが「国民国家」と呼ばれるものなのですが、それでは古代世界における「国家」はどうだったのでしょうか。

東洋での代表的なものとして、中国を考えてみますと、ここではごく古い時代は邑とか都市を中心とした小規模な国からスタートするのですが、それが結局、秦の始皇帝に始まる大帝国の統一となり、その後、五胡十六国とか南北朝といったふうに、一時的に分裂したことはありましても、大帝国の枠組に対する国家観は、清朝末に至るまで厳として存続したのであります。

また西洋では、ギリシアのポリスとか、ローマのウルプスといった小さい都市国家から始まったのですが、その行きつくところは、結局ローマという巨大な世界帝国であり、その伝統は西ローマでは崩れてしまいますけれども、東ローマではビザンツ帝国として存続し、やがてはそれが帝政ロシアに受け継がれて、第三のローマとしてのモスクワ、すなわちクレムリンを頂点とする巨大な支配圏ができる。中国やビザンツの歴史の中で、たとえ法理においては皇帝権を制約する徳目や国家観が、知識人によって説かれましたにしても、現実にはそれは専制的な政治に陥りやすい絶大な権力構造であったのです。東洋における中国と、西洋におけるローマ帝国に代表されるこのような国家を、私は「世界帝国」の類型と考えてよろしかろうと思います。

つぎに三番目に挙げたいのは、日本語でいう「くに」、ヨーロッパでいう、この前、ゲルマンのときにお話しました「ガウ」や「パーグス」。あるいは今日でも使っております「ラント」(Land) であります。これには大小さまざまのバリエーションがありますけれども、要するに「くに」という言葉の内容は、漢字でいう「国家」とは別のもので、地域的に山や川で区切られた自然的なまとまりであって、私の想像では、「くね」ということばと関係しているると思うのですが、とにかくそこに住んでいる人は方言を等しくし、年中行事を等しくし、生活様式を等しくしているというような、そういうまとまりが「くに」であります。

私は大和の出身ですが、奈良盆地のことを「国中（くんなか）」と言います。この呼び方は他の地方にもあります。またこのほか、全国に多いのは「国見山」、「国原」などであり、日常語としては「お国なまり」、「国元」など、たくさん挙げられます。万葉集などに「国見をすれば」などの表現があることは、皆さんもご承知のとおりであります。こういう場合の「くに」は、決して漢字の国とか国家というものではなく、もっと土着的な性格をもつ社会集団の生活の場のことであります。したがって私は、この「くに」こそは、たとえそのスケールや内部の支配構造に種々の差があるにしても、世界史的にみて最も普遍的なものであろうと考えます。またその支配の体制としては、大氏族・豪族・土豪・部族の長などを中心としたものが多かったと思います。

以上、私はヨーロッパが長年かかってつくり上げた国民国家、次に中国とローマに代表される世界帝国、そして世界史上、かなり普遍的に存在した「くに」、という三つの類型を申したわけですが、そのほかに、なおいろいろの段階、たとえば部族国家とか封建国家と呼ばれるものが存在したことは言うまでもありません。ただここでは現代社会を考える観点から、この三類型を際立った類型としてとりあげた次第であります。

さてそこで、これら三つの類型のおのおのにどういう特色があるかを申し述べたいのですが、詳しくいえばこれだけでもたいへんなことで、種々異論が出てくることと思います。しかしごく簡単に、私の大胆な考えを話すことにいたしましょう。まず世界帝国から入ることにしますが、世界帝国という場合には、必ずといってよいほど、みな壮大な首府ないしは都城を構えているということ、それから一つの民族ではなくて、多民族支配であること。しかもそこには高度文明の産物である文字を使ってきわめて画一的な法律がつくられていること。すなわち東では漢字による律令がそれであり、西ではラテン語によるローマ法がそれに当ります。それは民衆にわかる語り言葉ではなくて、支配者側からする官用語であります。私はここで改めて、漢字文化圏・ラテン語文化圏というものの、測り知れぬ歴史的意義の重要性を指摘せずにはおれません。

また世界帝国にあっては、自分たちだけが世界の中心であり、高度文明の担い手であるという意識が培われました。中国の場合は、それが中華思想であり、ローマの場合は、「パックス・ローマーナ」とか、「すべての道はローマに通ず」とかいう考え方です。そういう中華思想や「ローマの平和」という思想は、その版図内に入ってくれば自由になるという考えが裏にはたらいているのでして、入ってこないものは蛮人であるとみる。南蛮・北狄・東夷・西戎と呼ぶように、域外の民族はみなけだものの類であります。ローマでいえばバルバーリでして、ゲルマン人はローマ帝国から見ると、明瞭に野蛮人であったのです。

このような巨大な、多民族世界を治めるのには、絶大な権力を背景にして人頭税と地租を取り立てる、つまり人を握ってしまう必要があり、この点、東西相似た制度がみられます。またその制度がやや乱れてまいりますと、こんどはある地域の租税を請負人に請け負わせるという方法をとります。こうしてとにかく上からの官僚と税吏や軍隊によって厳しく監視し、帝室の財源確保につとめるわけであります。さらにまた、多くの場合には、政教合致の体制をとる。そういうのが世界帝国の一般的な特徴であります。

これに反し、国民国家を形成するヨーロッパの中世ではほぼ十六世紀に至るまでは、特別に首府というものはない。神聖ローマ帝国の皇帝というと、たいそう立派に聞こえますが、実は領内を治める軍隊もなければ官僚もない。一介の封建諸侯であって、自分のいる場所も不定で、あちらこちらの城を歩き回らなければならない。「イティネラール」(Itinerar) といいまして、どの皇帝は即位してから死ぬまでに、どこで何度宿泊したかということの研究がなされ、その地図ができているくらいであります。それによって、その皇帝の政策の重点を探ろうというわけです。だから首府とか都城という考え方はある意味では世界帝国、あるいは近世の国民国家ができてからのことであります。「くに」については、すでに先にやや詳

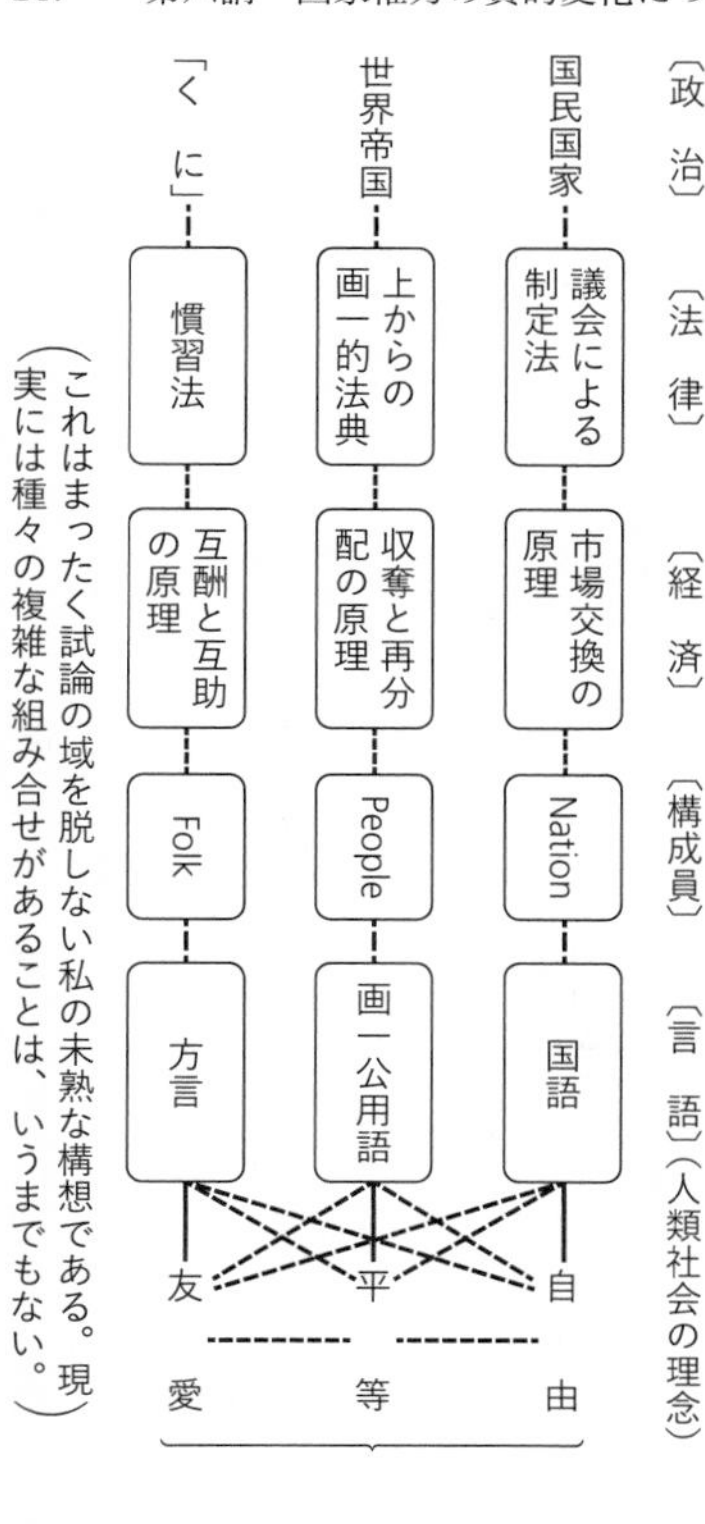

表1　歴史的国家の三類型と社会生活との適合関係

しく述べましたので、ここでは省略します。要するに政治的にみた場合、上に申し上げたような三つの形態が顕著に存在したということであります。

そこで次に、この三類型における法生活を考えてみましょう。まず国民国家の場合には、それが到達した段階では議会による制定法が中心であって、その決定には何らかの形で国民が関与している。ところが世界帝国の場合には、支配者側が上から一方的に決めた画一的な法典ですべてがとりしきられる。それから、「くに」段階においては、あくまでもこれは地域のしきたりや慣習でありまして、先例が何よりも大きな社会秩序を維持する元になっているのであります。比喩的に言うならば、最近重視されてきました地方自治体の条例のような性格を持つものであります。現在の条例は、ある意味では中央政府の制定法に対する地域の申し合せと考えられるからです。このように考えますと、法の在り方も、国家の類型に応じて、それぞれ違った特色を持っている。

それから経済の面では、国民国家の場合は、経済学という学問がそこから生れましたように、原則的には自由競争を基盤にした市場交換の原理、マーケット・エクスチェンジというものが、最も基本的な前提をなしている。ところが世界帝国の場合には、収奪と再分配といいますか、いっぺん取り上げたものを分配するという原理。あるいは強制的に取り上げて、それをまた上から計画的に再分配する。それに対して、「くに」の段階では、互酬と相互扶助の原理が基本であります。

こういう理由から民衆の生活面で、いちばん大きな意味を持つのは、国民国家の場合には、何よりも貨幣であります。それから、世界帝国の場合には、さっき言ったような人頭税とか、地租、あるいはその他の国家に対するノルマであります。また「くに」段階では、それは相互扶助ですから、労働でいえばわが国古来の「ゆい」のような制度です。橋を架けたり、道を直したり、田植えをしたり、入会地で木を伐ったりという場合、共同して人足を出すようなやり方です。その他の負担は、貢納の形態であります。これは中世ヨーロッパでもそのとおりでありました。

余談で、これは前にお話ししたかも知れませんが、今でもドイツの田舎に行きますと、「ナッハバールシャフト」(Nachbarschaft) というのがありまして、一種の隣組(となりぐみ)であります。「ナッハバール」というのは隣人のことですが、地域によっては「フィーアテル」(Viertel) ともいいます。「フィーアテル」というのは四分の一という意味です。どうしてこの名がついたのかといいますと、村であれ町であれ、その集落の中央で道が交叉しますと、当然四つの区にわかれるわけです。そしてその一つの区がフィーアテルなのです。現在のドイツ語では「市区」などを示しますが、中世ではきわめて小規模の隣組を指しました。このナッハバールシャフトやフィーアテルは、そこに、ある一定の期間住んでいると、そのメンバーにならなければならない。そして、隣保制度ですから、誰かが死にますと死んだということを隣組へ告げにゆくとか、医者へゆくとか、あるいはお葬式のときには墓穴を掘る人、棺を担ぐ人、御馳走する人という具合に、役目が決っていまして、一年交代でぐるぐる回る場合が多いのです。この制度が現在でも各地に何百、何千とあります。町にもあります。これがそのまま私のいう「くに」の原理とは言えませんが、さっきの「バウムクーヘン説」でいえば、その中心の軸のようなものと解することができます。

5 結び――国家や社会集団をグローバルに比較する座標軸への試論

そこで、きわめて大胆に、以上述べました国家の三形態と最も適合的な関係にある特徴のようなものを、まったくの試論として申してみたいと思います。あくまでも私の未熟な試論的総括と思って、お聞き下さい。

まず国民国家の構成員の呼び名は、言うまでもなく国民、すなわちネーションであり、諸政策はどうしても国家あるいは国民経済中心のものとなります。これに反して、世界帝国の場合は、構成員はローマ風にいえば、ポプルス、すなわちピープル（人民）であり、その政策も、中国古代にみられますように、皇帝の徳によって異民族を徳化し、それを「解放」するとの口実で、いわゆる覇権主義に向う傾向が強いのです。次に私のいう「くに」の段階においては、そのメンバーは、フォークロアとかフォークダンスという言葉が示すように、フォーク、すなわち具体的な地域の常民であります。そこでの政策意向は、地域住民のニーズを重視することでして、私などが唱えていります地域主義がそれであります。西ヨーロッパでは、特に最近、この考え方が非常に盛んになってきておりまして、歴史学界でのそのあらわれが地域史研究の盛況であります。そこでは、具体的な地域を総合的に、政治・経済・法律・宗教・生活感情など、全部を含めて、その地域の発展を目に見えるように、トータルにとらえようとするのであります。ですから、これからの歴史学は、今までのように理論的なものでなく、地域史研究の諸成果の上に乗っかって、全体としての新しい歴史像を描き、そこから新しい理論を構築すべきだ、ということになりそうであります。

上に述べました三形態それぞれの対応ないし適合関係のほかに、宗教とか、あるいは思想統制力といったものをも入れて考えるとどうなるか。これは今後の私の大きな課題でして、今日お話する準備がありません。しかし今まで申したように類型を分けてみますと、これは少し乱暴な類推または飛躍といって嗤（わら）われるかも知れませんが、私はこの中には、自由・平等・友愛、つまりフランス革命で掲げられた人類社会生活の理念ともいうべきものを、実はそれぞれの形態との適合関係において考えることも不可能ではないのではないかと思います。私は先年ある会議に出ましたとき、オーストリア生れの有名な経済学者とソビエトの代表とが、かんかんがくがくと二時間近くも議論し合ったのを聞いてびっくりした経験があります。ソ連の学者は、人間の社会でいちばん大事なことは平等だと言い張り、オーストリアの学者はいや、それは自由だと主張して、お互い絶対に自説を曲げないのです。ところがおかしいことに、二人とも、最も大切で基本的な友愛については議論しない。そして結局、二人とも真赤な顔をして物別れになりました。

その会議は経済学についての議論でしたが、しかし西ヨーロッパの知識人には、自由こそが何よりも大切な価値だという考えがあることがよく解りました。ところが、もう少し一般論を申しますと、私どもに大切なことは、この自由・平等・友愛という三つの価値が具体的な社会生活においてどういう調和をとればよいのかを考えることです。これがわれわれが現在抱え込んでいる大問題だと思います。

もう少し内容的にいいますと、この三者の中の一つだけの社会などというものは、現実には存在しないのであって、問題はその中のどれにアクセントを置く社会であるかを見定めることなのです。このことを、現象的に現れた国家で申せば、それと適合関係にある重点的な理念は、国民国家では自由、世界帝国では平等、そして「くに」段階の社会では友愛ではないかと考えます。しかしこれはあくまでも類別であり、現代の世界のどの国を見ましても、あるいは歴史上のどこの地域を見ましても、この三つの理念の一つだけで立っている国など絶対にありませんでした。早い話、現在の社会主義国でも自由の原理、競争の原理を加味しておりますし、資本主義国においても、統制の原理、あるいは累進課税のような公平化の原理、さらには社会福祉の理念をとり入れ、地域の相互扶助の精神をも盛りこんだ政策を示しています。

このような三つの要素を考えますと、私が最も基本的な社会集団の理念と思うのは、友愛であり、この点についての一般的な配慮が、ひどくなおざりにされているように感じられてなりません。これは、これからグローバルにものごとを考えなくてはならぬ時代の、大きな課題だと思います。このように考えてきますと、現在の国際政治や国内政治は、あまりにもイデオロギーにこだわり過ぎているように思えてならないのです。

なお最後に余談になりますが、私はヨーロッパ史を学ぶ間に、今の日本で大事なことの一つは地域主義の思想を植えつけることだと考え、その気運をつくろうと努めているのですが、それは決して国家や国民経済を軽視するという意味では絶対にないのです。そうではなくて、具体的にいえば、国でやるべき守備範囲と、地域社会の下からの意欲による守備範囲、自治体でやるべき守備範囲といったもののけじめをはっきりさせる政治が大切だという意味なのです。少なくともヨーロッパとくらべて日本では何もかも中央志向、中央依存であり過ぎると思うからです。しかしこれを推し進めるためには、何よりも民衆の意識の変革が大切です。そうした観点からヨーロッパ中世社会の発展について申し上げた今までの概要を、もう一度ふりかえっていただき、そこに流れている一本の赤い糸を読みとっていただければ幸いだと思います。

中世史のお話をしながら、最後はたいへん乱暴な思いつきのような自分なりの構想を申し述べましたが、これは決して理論構築のためではなく、歴史を勉強してきた私として、自分なりに世界史を見る一つの座標軸ともいうべきものを、試論としてご参考までにお話したまでです。いちばん最初にお断りしましたように、素人が歴史、それもヨーロッパの歴史を学んで、どんな実践的な意図を持ってきたかの、不出来な一例として読みとっていただければしあわせです。六回にわたり、拙い話を熱心にお聞きいただいたことに深い感動をこめて厚くお礼を申し上げ、お別れいたしたいと思います。どうもありがとうございました。

《質疑と応答》

問　お話の中にありました、貨幣・ノルマ、その次に地域主義に関わって、「ゆい」という表現が出ておりましたが、それはどういうものですか。

増田　この「ゆい」というのは、田舎で田植えのときなどに共同して、相互扶助で労働力を出し合って、よその田圃でも手伝ったりしますね。あれを「ゆい」といいます。要するに、その人の働きぶり、労働の能率ということに関係なく、集落の各戸から男が一人ずつ出るというような作業です。橋を架けたり、道を直したりする村人足、村普請(むらぶしん)などもこれと似ております。それは賃金に媒介されない助け合いの精神なのです。今でも飛騨高山あたりでは、屋根を葺(ふ)くとき若者総出でおこないます。それは貨幣によって媒介されているものではないのです。

先進地域であるはずのヨーロッパの田舎には、まだこうした事例がたくさん残っています。あの有名なドーナウ川にはまだまだ昔ながらの渡し舟がありまして、これには、それにあやかっているものが皆で、決して賃金ではなしに、船頭さんを養っているのです。こういうのは日本にもありますが、ヨーロッパの方が、どうも日常的に、古い生活感情の温かみがいまだに強く残っているように思われます。

問　自由・平等・友愛と三つがありますが、これに対して宗教というものをどういうふうに考えたら良いのでしょうか。宗教というのは非常に統制の強いもので、調和の取れた社会を作りにくい面がありますが、日本では雑多な宗教が並存しています。これをどういうふうに考えたらよろしいのでしょうか。

増田　これはたいへん大きな面白い問題です。日本の場合には、全く文字通りの信教の自由が与えられている。しかしそれは逆にいうと、宗教心があるのかないのかわからない有様です。ところが中近東へ行くと、ご承知のように、宗教が国政を左右している国がある。そういうものをどういうふうに位置付けるか、これは私も大いに勉強してみたいと考えています。

問　これは質問というより感想です。自由の場合に国民国家、議会による制定法と適合しますし、友愛についてもなるほどと思うのですけれども、平等という理念と世界帝国との適合関係を考えてみますと、なるほどと思う反面、どうもしっくりしない感じがします。

増田　そうですね、まあ自由競争に対する統制を加えて、弱肉強食にならない支えにする。また思想的にも、政治的にもコントロールし、同一方向に向わせるという考え方がありますね。これは、今のご質問に答えたことになりませんけれども、たとえば先ほども言いましたように、国民国家の場合には、一般の民衆を呼ぶときには「ネーション」です。それから世界帝国の場合は「ピープル」、それから「くに」の場合は「フォーク」。フォークは柳田国男さんたちの言葉でいえば、「常民」、つまりそこに住んでいる民衆ということです。だから、同じ「デモクラシー」という言葉にも、私は三つあると思うのです。ヨーロッパのデモクラシーは、これはヒストリカル・デモクラシー、歴史的に作られたデモクラシーで、貴族だとか家柄などの感情が、民衆の間にまだ残っていても、伝統的な民主主義の精神が生きている。それに対してアメリカの場合には、これはフロンティア・デモクラシーです。つまり個人というものが孤立して、自分の実力だけでやってゆく社会である。そしてこの二つに対しているのが、人民民主主義であります。そこでは「等しからざるを憂う」というあのイデオロギーが、前面に出ているのではないでしょうか。

問　よく「ラテン的」だとか、「ゲルマン的」だとか、二つの言葉を対比させて言ったりするのですけれども、「ラテン的」と言っても、ゲルマンの一部がイタリアなどに入っていますね。そうすると、「ラテン的」とか、「ゲルマン的」という使い方はおかしいのではないか、と思うのですが。

増田　ゲルマン人の移動はお話したように、その比率からいうとごくわずかで、主要な都市の周辺に限られていますし、やはりそのベースをなしているのは、今のイタリアから、南フランス、スペインにかけては、一部にイスラム教徒も入りますけれども、だいたいにおいてラテン系のローマ属州民が多いわけです。これを人種的に申せば、ケルト族が基礎にありますが、要するにいろいろの民族の混合です。それが気候や風土のせいで、「ラテン的」というアルプス以北とは違った生活感情をつくり出した。そしてそれを「ゲルマン的」な北と対比させて、「ラテン的」と呼ぶのだと思います。もっとも、言語学的にも、この二つはかなり大きなコントラストを示しているのです。ゲルマニストとローマニストの対比がそのあらわれです。

面白いのは、租税というものをなぜ納めるかという議論、そして税金の本質といったものから国家論が出てくる、これがゲルマン地域での一つの特色です。つまり、北の方では租税論と国家論が不可分の関係で論議され、それが王様と民衆の権利とどういうふうに関連づけられるかという問題が、かなり早期に出てくるのですが、南の方では、そういう議論は出ず、税金はできるだけごまかそうとする風潮がある。つまり、自律的に社会生活を自分の義務との関連で、合理的に考えようとする理論が出にくいのです。租税論と国家論とが不可分のものとして出てくるのは、ゲルマン系諸国の特色だと思います。

それから、通俗的な面では、計画性の有無が考えられます。ラテン系のところは、民衆はたいへん陽気で、その日その日をとことんまで楽しむという気風が強い。スペインの民衆などは、明日のことなど考えないで楽しんでいることが多いようです。ところが、北のほうの連中は、非常に計画的で、考え方が合理的なように思えます。これも例外はいくらでもありましょうが、まあ、そのようなことからゲルマン的・ラテン的といった対比がなされるのでしょう。それはもう、どちらが良いという問題ではありません。私自身は、このどちらも面白く感じています。

それから、このたびは詳しく申しませんでしたが、私は「辺境変革論」ということを考えています。それはある社会体制・経済体制ができて、そこが一定期間先進的な生産力を有するようになっていましても、次のある段階になりますと、それが化石化するというか、マンネリズムになって、その地域の活力をうしなう。そうすると、その地域からは次の新しい時代を推し進める改革の兆候が出てこなくて、むしろ、その地域の辺境に出てくるケースが多いという理論です。

これは、大きな地域でいえば地中海沿岸地域が中世初期まで先進地域であったのが、十一、二世紀からは、漸次にアルプスの北の諸地域になる。もっと小さい地域でいえば、イギリス東南部平野の古典的な荘園支配が栄えたところは、中世中期までは先進地帯であったのに、やがて今度はその辺境のウッドランド、つまり古典荘園の普及しない小村や散村で毛織物中心の農村工業が起ってくる。

このように社会変革は、元の体制が熟して、次のものがその場所から起っているのではなくて、辺境から新しい芽生えが出る。日本でもそれに似た現象は認められます。ずっと古い時代の先進地域であった九州や山陰地方は、やがてその先進性は畿内に移り、つぎには関東の武士団の地域に政治の重点が変ってまいりました。こんな問題を、世界史的に考察して、社会変動の理論が考えられないかと思っているわけであります。

あとがき

本書は去る昭和五十八年六月二日から七月七日まで、週一回、毎木曜日、「岩波市民セミナー」で、全六回に亘って講述した速記録に、若干の手を加えて成ったものである。その内容は、長年ヨーロッパ中世史を学んで来た私の脳裡にあるものを下敷きに、幾つかの時代分けを考慮しつつ、ヨーロッパ世界というものの社会経済面での構造史的な変化と特質とを、平易に、そしてきわめて大づかみに話してみようと企てたものである。しかし実際に取り組んでみると、特に十四世紀から十五世紀末までの歴史は、あまりにも多くの問題が輻輳して絡み合っているため、これを巧みに概観することは到底不可能であることがわかった。したがってそれは、ルネッサンス並びに「国民」意識の成立との関連で、いずれ別の機会に、自分なりにとりあげてみたいと考えている。

ところで、私がこのセミナーで特に強調したいと念じたテーマは、大きく分けて次の三つに総括することが出来る。すなわちその第一は、ローマ帝国の後を継いだ東・西両ヨーロッパの政治史的な展開に、注目すべききわめて重大な相違がみられ、西ヨーロッパでは、いわゆる「世界帝国」の否定という真に歴史的な新しい道をきりひらいたのだという考え方である。もっともこの考え方は、一層基本的には、古典古代的高度文明とアルカイックな伝統的素朴社会との関係として、東洋史をも含めて新しい視角から問題を提起すべきより大きな世界史のテーマであると考えるが、さしあたっては、中世社会にみるゲルマン民族態の在り方として、その一端を指摘したいというのが、私の念願であった。

その第二は、同じキリスト教的ヨーロッパ世界でありながら、そしてまた人文地理的には同じ畑作農業に基礎を置く穀作地帯でありながら、東半分と西半分とでは、政治形態はもちろん、農村や都市の在り方、ひいては農業・工業・商業の発展の仕方に大きな相違があり、そのことが民衆の日常的な団体意識にも影響して、端的にいえば今日に至るまで、そのコントラストがまだ完全に払拭されていないというのが実情である。この問題は、イデオロギーや民族性もさることながら、政治権力と社会構造の比較史的研究の好課題となりうるのではなかろうか。私はこのことに大きな興味を覚えるが、東洋の各地域社会についても、これに類似した問題があるように思えてならない。

その第三は、ヨーロッパ、特に西ヨーロッパ世界が、いわば構造的に共有した歴史的背景のユニークさについてである。わが国では、「西洋」というと、すぐそれに対して「東洋」という風に考えがちであるが、西ヨーロッパが一つの歴史的世界であるというのと同じ意味で、東洋を一つの世界とみることは、今のところ不可能である。というわけは、西ヨーロッパではその共同の文化遺産や社会経済史的な基盤が、常識として、きわめて構造史的に自覚されているのに反し、東洋では残念ながら、学問的な裏づけをもつそうした自覚がいまだに熟していないからである。それゆえ大変啓蒙的な言い方が許されるならば、現在のヨーロッパを知るためには、各国別の研究のほかに、その根底にある共通した基盤への配慮が一層大切だという意味である。

なお最後に一言して置きたいのは、本書の「社会史」という名称についてである。最近わが国では、フランスの「アナール学派」の紹介を中心に、新しい歴史研究の流れとして「社会史」の語が一種の流行語のごとくもてはやされている。しかし私のいう社会史は、そのような今様の「社会史」ではなく、従来の政治史・法制史・経済史等々の、先学の研究成果をふまえ、可能な限り総合的に、しかも自分に納得のいくかたちで、社会生活の発展をとらえようとするものであり、それ以外の何ものでもない。ということは、今様の「社会史」だけでは、社会発展のダイナミクスがつかめないのではないかという私なりの危惧のせいである。このことを前提に、上述した私の三つのねらいの意味を読みとっていただけるならば、望外のしあわせである。

ところで、一昨年夏のセミナーをふりかえってみる時、あのむし暑い夜、六時から八時まで、毎週欠かさず出席され、一人の落伍者もなく最後まで熱心に聴いて下さった聴講者の皆さんに深い敬意を表さなければならない。その年齢も二十歳代から七十歳代までとまちまちで、中には夜遅く山梨や静岡まで帰られる方もあると聞き、私の感激はひとしおであった。

私は、その楽しかった思い出を胸に、この「あとがき」を書いているが、最後に、このセミナーのこと一切のお世話と本書の刊行に並々ならぬ御尽力をいただいた岩波書店の竹田行之・高本邦彦両氏の御厚意に対し、あらためて心からなる感謝の意を表したいと思う。

昭和六十年二月二十日

増田四郎

参考文献

このセミナーは、私がいま自分の頭の底に描いている「ヨーロッパ世界」というものの社会経済史的な構造変化のあらましを、まったく自分なりに略述したものであるので、特にどの著作、あるいは誰の発想に依拠したというものではない。したがってここでは、ヨーロッパの中世社会を考える上で参考となるであろう若干の重要文献、並びに私自身が公刊した関係著作の一部を挙げるにとどめたいと思う。なお外国語の基本文献は枚挙にいとまがないので、本書の性格上、邦訳のあるものに限って掲げることとした。

モーティマー・チェインバース編・弓削達訳『ローマ帝国の没落』（創文社・昭和四八年刊）
フランツ・ティンネフェルト著・弓削達訳『初期ビザンツ社会』（岩波書店・昭和五九年刊）
アンリ・ピレンヌほか・佐々木克巳編訳『古代から中世へ』（創文社・昭和五〇年刊）
渡辺金一著『中世ローマ帝国』（岩波新書・昭和五五年刊）
マックス・ウェーバー著・世良晃志郎訳『古ゲルマンの社会組織』（創文社・昭和四四年刊）
ハインリッヒ・ダンネンバウアー著・石川操訳『古ゲルマンの社会状態』（創文社・昭和四四年刊）
アルフォンス・ドプシュ著・野崎直治・石川操・中村宏訳『ヨーロッパ文化発展の経済的社会的基礎』（創文社・昭和五五年刊）

アンリ・ピレンヌ著・中村宏・佐々木克巳訳『ヨーロッパ世界の誕生』（創文社・昭和三五年刊／講談社学術文庫）
ロベール・ラトゥーシュ著・宇尾野久・森岡敬一郎共訳『西ヨーロッパ経済の誕生』（一條書店・昭和四五年刊）
マルク・ブロック著・新村猛ほか訳『封建社会』全二巻（みすず書房・昭和四八、五二年刊）
マルク・ブロック著・河野健二・飯沼二郎訳『フランス農村史の基本性格』（創文社・昭和三四年刊）
ゲオルグ・フォン・ベロウ著・堀米庸三訳『ドイツ中世農業史』（創文社・昭和三〇年刊）
マルク・ブロック著・森本芳樹訳『西欧中世の自然経済と貨幣経済』（創文社・昭和五七年刊）
フリッツ・レーリヒ著・瀬原義生訳『中世の世界経済』（未来社・昭和四四年刊）
アンリ・ピレンヌ著・佐々木克巳訳『中世都市』（創文社・昭和四五年刊／講談社学術文庫）
増田四郎著『西洋封建社会成立期の研究』（岩波書店・昭和三四年刊）
増田四郎著『西洋中世社会史研究』（岩波書店・昭和四九年刊）
清水広一郎著『イタリア中世都市国家研究』（岩波書店・昭和五〇年刊）
ニコラ・オットカール著・清水広一郎・佐藤真典訳『中世の都市コムーネ』（創文社・昭和四七年刊）
オットー・ヒンツェ著・阿部謹也訳『封建制の本質と拡大』（未来社・昭和四一年刊）
オットー・ヒンツェ著・成瀬治訳『身分制議会の起源と発展』（創文社・昭和五〇年刊）
ジョフリー・バラクラフ著・前川貞次郎・兼岩正夫訳『転換期の歴史』（社会思想社・昭和三九年

刊）
オットー・ブルンナー著・石井・石川・小倉・成瀬・平城・村上・山田共訳『ヨーロッパ――その歴史と精神』（岩波書店・昭和四九年刊）
堀米庸三編『西欧精神の探究』（日本放送出版協会・昭和五一年刊）
ヴェルナー・ケーギ著・坂井直芳訳『小国家の理念――歴史的省察』（中央公論社・昭和五四年刊）
増田四郎著『ヨーロッパとは何か』（岩波新書・昭和四二年刊）
増田四郎著『社会史への道』（日本エディタースクール出版部・昭和五六年刊）

KODANSHA

本書の原本は『ヨーロッパ中世の社会史』（岩波セミナーブックス13）として一九八五年に岩波書店より刊行されました。

増田四郎（ますだ　しろう）

1908-1997年。奈良県生まれ。歴史学者。一橋大学名誉教授。1995年文化勲章受章。著書に『独逸中世史の研究』『西洋中世世界の成立』『ヨーロッパとは何か』『都市』『大学でいかに学ぶか』など多数。

定価はカバーに表示してあります。

ヨーロッパ中世の社会史

増田四郎

2021年７月13日　第１刷発行
2021年８月11日　第２刷発行

発行者　鈴木章一
発行所　株式会社講談社
東京都文京区音羽 2-12-21 〒112-8001
電話　編集（03）5395-3512
販売（03）5395-4415
業務（03）5395-3615

装　幀　蟹江征治
印　刷　豊国印刷株式会社
製　本　株式会社国宝社
本文データ制作　講談社デジタル製作

ISBN978-4-06-524509-5

「講談社学術文庫」の刊行に当たって

これは、学術をポケットに入れることをモットーとして生まれた文庫である。学術は少年の心を養い、成年の心を満たす。その学術がポケットにはいる形で、万人のものになることは、生涯教育をうたう現代の理想である。

こうした考え方は、学術を巨大な城のように見る世間の常識に反するかもしれない。また、一部の人たちからは、学術の権威をおとすものと非難されるかもしれない。しかし、それはいずれも学術の新しい在り方を解しないものといわざるをえない。

学術は、まず魔術への挑戦から始まった。やがて、いわゆる常識をつぎつぎに改めていった。学術の権威は、幾百年、幾千年にわたる、苦しい戦いの成果である。こうしてきずきあげられた城が、一見して近づきがたいものにうつるのは、そのためである。しかし、学術の権威を、その形の上だけで判断してはならない。その生成のあとをかえりみれば、その根は常に人々の生活の中にあった。学術が大きな力たりうるのはそのためであって、生活をはなれた学術は、どこにもない。

開かれた社会といわれる現代にとって、これはまったく自明である。生活と学術との間に、もし距離があるとすれば、何をおいてもこれを埋めねばならない。もしこの距離が形の上の迷信からきているとすれば、その迷信をうち破らねばならぬ。

学術文庫は、内外の迷信を打破し、学術のために新しい天地をひらく意図をもって生まれた。文庫という小さい形と、学術という壮大な城とが、完全に両立するためには、なおいくらかの時を必要とするであろう。しかし、学術をポケットにした社会が、人間の生活にとってより豊かな社会であることは、たしかである。そうした社会の実現のために、文庫の世界に新しいジャンルを加えることができれば幸いである。

一九七六年六月　　　　野間省一

中世都市　社会経済史的試論
アンリ・ピレンヌ著／佐々木克巳訳（解説・大月康弘）

「ヨーロッパの生成」を中心テーマに据え、二十世紀を代表する歴史家となったピレンヌ不朽の名著。地中海を囲む古代ローマ世界はゲルマン侵入とイスラーム勢力によっていかなる変容を遂げたのかを活写する。

2526

楊貴妃　大唐帝国の栄華と滅亡
村山吉廣著

唐六代目皇帝・玄宗は、五六歳のときに二二歳の楊貴妃と出会い、そして一〇〇万都市は滅亡してゆく――。名君はなぜ堕落したのか。中国史書や詩歌などの豊富な資料から、「世界三大美女」波乱の生涯を読み解く！

2552

ジャンヌ・ダルク　超異端の聖女
竹下節子著

なぜ彼女は魔女として死に、聖女として甦ったのか。華麗で過酷な運命を背負った少女の全体像を、神秘が息づく中世ヨーロッパ世界を浮かび上がらせながら彩りゆたかに活写する、親しみやすい決定版入門書！

2555

中世ヨーロッパの結婚と家族
ジョゼフ・ギース、フランシス・ギース著／栗原泉訳

「家族」は歴史の産物である。結婚式、育児、相続、親の扶養など、人間社会の最も基本的な営みからみた、西洋中世の一〇〇〇年史。「夫婦と子どもたちが一つの家に住む」という家族観はなぜ生まれたのか。

2575

西洋占星術史　科学と魔術のあいだ
中山　茂著（解説・鏡リュウジ）

「星占い」の起源には紀元前一〇世紀頃、現在のバグダッド南方に位置するバビロニアで生まれた技法がある。紆余曲折を経ながら占星術がたどってきた長大な道のりを描く、コンパクトにして壮大な歴史絵巻。

2580

西洋中世の愛と人格　「世間」論序説
阿部謹也著

名著『「世間」とは何か』はここから生まれた。日本古来の「世間」と対比させつつ、西洋の「社会」を構成する「個人」や「愛」の成立過程を綿密に描き出した、西洋史学の泰斗による日本人論の原点。

2594

外国の歴史・地理

青柳正規著
興亡の世界史　人類文明の黎明と暮れ方

「文明」とは何か。なぜ必ず滅ぶのか。いくつもの絶滅を克服し、多様な文明を生みだしてきた人類。その誕生と拡散、農耕の発明、古代地中海文明までを通観する。衰亡の原因は、いつも繁栄の中に隠れている。

2511

石澤良昭著
興亡の世界史　東南アジア　多文明世界の発見

東南アジアの歴史は、人にやさしい生活史である。アンコール遺跡群の研究と修復に半生を捧げ、マグサイサイ賞を受賞した著者が、巨大遺跡に刻み込まれた人々の声を聞き、諸文明の興亡を描き出す渾身の作。

2512

陣内秀信著
興亡の世界史　イタリア海洋都市の精神

東方への窓口・ヴェネツィア、断崖の立体迷宮・アマルフィ。そして、ジェノヴァ、ピサ。生活空間に積み重なった争いと交流の歴史を、都市史の視点で解読する。海からのアプローチで、中世が見えてくる。

2513

網野徹哉著
興亡の世界史　インカとスペイン　帝国の交錯

最後の王の処刑後も、インカは命脈を保っていた。二つの帝国の衝突が生んだ植民地空間に生きるスペイン人、インカの末裔、混血集団、ユダヤ人。共生と混交、服従と抵抗の果てに、新たな社会が誕生する。

2514

生井英考著
興亡の世界史　空の帝国　アメリカの20世紀

ついに人類は「飛行の夢」を実現し、「空の覇権」を争い始めた。ライト兄弟やリンドバーグが浴びた喝采。空爆と原爆、ヴェトナム、9・11の悲劇。補章としてドローンが飛び交う「二一世紀の空」を大幅加筆。

2515

福井憲彦／杉山正明／大塚柳太郎／応地利明／森本公誠／松田素二／朝尾直弘／青柳正規／陣内秀信／ロナルド・トビ著
興亡の世界史　人類はどこへ行くのか

新たな世界史像は、日本からこそ発信できる。人口と資源、海と人類の移動、宗教がもたらす対立と共生、人類誕生の地・アフリカ、世界史の中の日本。人類史の視座から多角的に論じる。全21巻シリーズ最終巻。

2516